COLLECTION
ROLF HEYNE

Copyright ©	1995 by Wilhelm Heyne Verlag GmbH & Co. KG, München ISBN 3-453-09099-3 Printed in Germany 2. Auflage 1997
Schutzumschlag	Christian Diener
Grafische Gestaltung/DTP	Michael Knoch / Michael Schuberthan
Fotografie	Susie Eising (Rezeptfotos) Alexander Haselhoff (Seite 20, 40, 60, 70, 84, 102,116, 146) Stockfood/Meuth (Seite 128)
Kochstudio	Nitaya Duan Wattana Rung
Redaktion	Angelika Schlenk Christina Kempe
Herstellung	Peter Karg-Cordes
Lithographie	inteca Media Service GmbH, Rosenheim
Druck und Bindung	Neue Stalling, Oldenburg

NITAYA'S THAI KUECHE

FOTOGRAFIERT
VON SUSIE EISING

WILHELM HEYNE VERLAG
MÜNCHEN

INHALT

Vorwort 9

Die drei Säulen der Thai-Küche 10

Vorspeisen & Saucen 20

Suppen.. 40

Gemüse & Eier 60

Reis & Nudeln 70

Fisch & Meeresfrüchte 84

Geflügel 102

Fleisch 116

Curry-Gerichte... 128

Süßspeisen 146

Glossar 160

Register 170

»Wer vom Paradies redet, sollte es gesehen haben.« Immer wenn ich an meine Heimat denke, fällt mir dieses Sprichwort ein. Obwohl ich mir nicht ganz sicher bin, wirklich das Paradies gesehen zu haben, so weiß ich doch, wie es aussehen müßte und muß: ein immergrüner, sonnendurchfluteter Garten, in dem alles wächst, was dem menschlichen Wohlbefinden dient. Er müßte ganz einfach nur sein wie der Garten meiner Mutter. Ich bin in einem kleinen Dorf bei Prachinburi aufgewachsen, 80 Kilometer nordöstlich von Bangkok. Dort habe ich das Paradies auf Erden kennengelernt, einen üppig wuchernden, tropischen Garten Eden hinter unserem Haus. Die Natur versorgte unsere Familie mit verschwenderischem Überfluß: Kräuter, Gemüse und Chillies wuchsen meiner Mutter quasi in ihren großen eisernen Wok. Jeden Tag schickte mich meine Mutter in den Garten, um Gewürze und Galgant zu holen. Auch

Ingwer war wichtiger Bestandteil der Currys, die jeden Tag frisch zubereitet wurden. Wir Kinder staunten über die Fingerfertigkeit unserer Mutter und über die Sicherheit, mit der sie die unterschiedlichsten Zutaten im Wok miteinander vermengte. Manchmal durften wir kosten, und sie konnte Tränen lachen, wenn uns vor Schärfe die Luft wegblieb. Ich habe so den Umgang mit Gewürzen gelernt, beispielsweise das richtig dosierte Vermengen von scharfen Chillies mit aromatischen Gemüsen und Fleisch oder Fisch. Die Kombination aller Zutaten muß beim Essen Wohlempfinden erzeu-

gen. Das hat mir meine Mutter beigebracht, und sie war eine perfekte Lehrmeisterin. Ich mußte fast jeden Tag an sie denken, als ich 1977 in München das erste Thai-Restaurant der Stadt eröffnete. Ich hatte nicht die richtigen Lebensmittel und mußte auch eine neue Sprache lernen. Und es gab nun einmal nicht mehr den üppigen tropischen Garten hinter dem Haus. Mein Paradies war tausende von Kilometern weit weg. Ich habe es trotzdem geschafft, mit viel Geduld und Zähigkeit. Anfangs schickte mir meine Schwester die wichtigsten Zutaten. Die Würzpasten machten wir selbst. Galgant, Zitronengras und -blätter sowie Nam Pla wurden per Luftfracht eingeflogen. Unser Restaurant gewann sehr rasch viele Freunde. Es kamen nicht nur Thais, die mal wieder wie in der Heimat essen wollten. Überwiegend begrüßten wir deutsche Gäste an unserer Tafel. Ich bezeichne sie alle als meine Familie. Die Küche meiner Mutter hat uns zusammengebracht, diese aromatische und wohldosierte Ausgewogenheit von Fleisch und Fisch, Gewürzen und Kräutern. Sie schaffen dieses herrliche Wohlbefinden von Geist und Körper. Dann schwelgt meine Familie in Zufriedenheit. Und ich spüre, daß ich zwar keine neue Heimat gefunden habe, aber doch ein neues Zuhause.

Nitaya

พริก

DIE DREI SÄULEN
DER THAI-KÜCHE

Fünf Sinne gab die weise Natur dem Menschen. Das war auch dringend notwendig, denn irgendwann schenkten ihm überschwengliche Götter die Thai-Küche. So kann es gewesen sein, aber darüber wollen wir nicht streiten. Doch welche Pforten der Lust öffnen uns die Fähigkeiten des Sehens, Riechens, Schmeckens, ja, auch des Fühlens angesichts einer überbordenden Thai-Tafel! Eine überwältigende Vielfalt der Farben leuchtet uns entgegen. Es duftet nach allen Wohlgerüchen Siams und seiner tropischen Blüten- und Sternennächte. Es schmeckt mal himmlisch, mal teuflisch gut, aber immer paradiesisch.

Und die Gefühle? Ach ja, wie im Schoß der Natur oder anderweitig. Die Möglichkeit des Hörens wollen wir mal vernachlässigen, die anderen Eindrücke sind einfach zu stark. Erlebnisse von hochkonzentrierter Sinnlichkeit. So soll es auch sein. Es gilt, wenn man das so europäisch deftig sagen will, eine Faustregel: Die Hälfte aller Thais kocht, die andere Hälfte ißt. Vom Erwachen bis zum Einschlafen. Ständig wird irgendwo gebrutzelt, gegart, gedämpft – und mit aller Hingabe gegessen.

อาหาร

Fliegende Straßenköche fahren mit Kochkarren durch die Städte oder sitzen am Straßenrand, mal mit Lizenz, mal ohne. Darum kann es durchaus mal vorkommen, daß man auf Thailands Straßen essen kann ohne zu bezahlen, nämlich dann, wenn der Koch ohne Lizenz vor der nahenden Polizei das Weite sucht und in Panik lieber auf das Abkassieren verzichtet.

Auf Bangkoks Flüssen und Kanälen fahren tagein tagaus kleine Boote, auf denen unentwegt gebrutzelt wird. Sie sind ständig auf der Suche nach Menschen, die Lust zu essen haben. Diese zu finden ist – wie bereits erwähnt – in Thailand kein Problem. Gegessen wird fast alles: von eingelegten und gebratenen Schweinefüßen, Innereien aller Art, Fröschen und Schnecken bis hin zu Muscheln, gerösteten Insekten und getrockneten Tintenfischen. Auch Süßspeisen aus Klebreis und Kokosmilch, gefärbt in allen Farben. Und natürlich Suppen in jeder Form, mal mit, mal ohne Nudeln, mal höllisch scharf, mal säuerlich pikant. Dann gibt es noch gesalzene grüne Mangos oder Salat von grüner Papaya – da kann kein Thai widerstehen. Sogar die Durian-Stinkfrucht, wegen ihres Duftes so genannt, findet ihre Liebhaber.

Wir sagen nur: »sanuk«. Das ist mit Vergnügen oder Freude unzureichend übersetzt. Sanuk – das ist Auskosten jeden Augenblicks. Und der Tag und die Nacht bestehen aus vielen, vielen Augenblicken. Wenn wir zwei, drei genossen haben, war es eine gute Zeit. Das vorweg, denn wer die Thai-Küche richtig erleben möchte, sollte bereit sein, sich seinen Sinnen hinzugeben, ihre stimulierenden Impulse bis zur letzten Neige auszukosten. Nur so offenbart sie ihre wahre Köstlichkeit. Es wurde viel geschrieben und geredet über die gesunde Ausgewogenheit, die Bekömmlichkeit der Küche Thailands. Über ihr raffiniertes Wechselspiel von sanft, mild-säuerlich und scharf; über die kunstvolle Präsentation der Gerichte, die in ihrem ästhetisch-exotischen Farbenspiel in perfekter Dramaturgie aufeinander abgestimmt zu sein scheinen. Das ist alles richtig.

Kann es etwa sein, daß den Thais Essen eine fröhliche Religion ist? Durchaus möglich, denn im Gegensatz zu vielen anderen Weltreligionen erläßt der Buddhismus kaum Verbote, was das Essen anbelangt. Der immer milde blickende Buddha selbst signalisiert eine genießerische Gelassenheit. Wenn köstliche Gerichte als Opfer dargebracht werden, nimmt er alles entgegen. Dann lächeln die Thais wissend: Buddha ißt einfach alles. Im Gegensatz zu seinen Mönchen, die keine großen Tiere mögen und daher weitgehend auf Schwein und Rind verzichten. Ist das nun weise oder übertrieben religiös? Jedenfalls haben die Buddhisten stets die Fischküche gepflegt, das delikate Zubereiten von Meeresfrüchten jeglicher Art. Was den guten Geschmack betrifft, kennen diese Priester keine Scheu.

Die Grundlage der thailändischen Kochkunst beruht auf einem simplen Kern, den sich jeder einzuprägen vermag: das Gesetz der drei Säulen. So einfach ist das. Und manchmal auch so schwer. Auf diesen fundamentalen Pfeilern ruht die ganze Kunst und Kunstfertigkeit. Wer das stets berücksichtigt, hat schon gewonnen.

DIE DREI SÄULEN DER THAI-KÜCHE

Die erste Säule ist der Reis. Das darf man sich nicht allzu bildlich vorstellen, denn thailändischer Reis gilt als besonders locker. Viele Feinschmecker halten ihn für den besten der Welt. Angebaut wird in der Hauptsache Langkornreis, der als sogenannter »Naßreis« angepflanzt wird. Man nennt ihn so, weil die Setzlinge in ein mit Wasser überflutetes Feld gesetzt werden. Meist geschieht dies noch in traditioneller, oft mühsamer Handarbeit. Wenn die Reispflanze eine gewisse Höhe erreicht hat, muß das Feld entwässert werden und abtrocknen. Dadurch wird die Reifephase der Körner eingeleitet.

Eine besondere Spezialität ist der Duftreis, der mittlerweile auch über Thailands Grenzen hinaus weltweit seine kulinarischen Freunde gefunden hat. Dieser Reis hat einen wunderbaren exotischen, leicht parfümierten Duft. Wenn sein Aroma durch die Küche zieht, werden alle Feinschmeckersinne geweckt.

In Thailand wird – wie in allen asiatischen Regionen – der Reis nicht gekocht, sondern gedämpft. Er wird vorher gewaschen und in klarem Wasser eingeweicht. Am nächsten Tag wird das Wasser abgeschüttet und der Reis im Spezial-Kocher gedämpft. Auf diese Weise wird er besonders locker und duftig.

REIS UND NUDELN

Im Norden des Landes bevorzugt man dagegen den gelierenden Klebreis, den man in Europa vor allem von den japanischen Sushis her kennt. Er wird in Verbindung mit Kokossahne oder -milch in ganz Thailand auch gern für Desserts verwendet.

Der Reis ist also die erste wichtige, die tragende Säule der Thai-Küche. Wenn man so will, ist Reis *das* Nahrungsmittel schlechthin. Das zeigt sich schon, wenn man sich die Statistik ansieht. Der Pro-Kopf-Verbrauch liegt bei 400 Gramm am Tag. Alle anderen Zutaten sind – streng genommen – Beilagen.

So lecker, so dominierend und so charakteristisch sie auch sein mögen – sie bleiben immer nur Begleiter des Reises. »Kommt zum Reis« – so bittet man, wörtlich übersetzt, in Thailand zu Tisch.

Neben dem Reis sind als zweites, bedeutendes Grundnahrungsmittel die Nudeln zu nennen. Sie werden aus Reismehl hergestellt. Eine bekannte Sorte sind die Glasnudeln, die – wie alle anderen Reisnudeln auch – nicht gekocht werden. Sie müssen nur wenige Minuten in warmem Wasser quellen.

DIE DREI SÄULEN DER THAI-KÜCHE

Die zweite Säule sind die berühmten Pasten und Saucen. Sie bringen, um es wiederum europäisch auszudrücken, Leben in die Bude. In erster Linie sorgen dafür die roten, grünen und gelben Currypasten. Diese werden, auf den Verkaufsständen zu kleinen Bergen geformt, auf allen Märkten des Landes angeboten. Diese herrlich und zugleich geheimnisvoll riechenden Pasten werden meist in Heimarbeit von den Händlern selbst hergestellt. Bei thailändischen Feinschmekkern hat jeder seinen persönlichen Spezialisten für die Pasten. Es gibt unzählige Nuancen, die eine duftet mehr nach Galgantwurzel, die andere scharf und teuflisch gut nach Chillies.

Weiterhin gehören Krabben-, Sojabohnen- und Kokospaste dazu. All diese Pasten wurden früher mühevoll im Steinmörser gestampft. Heute kann man nahezu überall Fertigprodukte kaufen, die entweder in deutschen Thai-Küchen hergestellt oder frisch aus Thailand eingeflogen wurden. Sie sind wohlschmeckend, perfekt aufeinander abgestimmt und haben nichts, aber auch rein gar nichts mit Instantprodukten gemein.

PASTEN UND SAUCEN

Zu den Currypasten: Die rote verwendet man zu Rind, Fisch, Ente, Huhn und Krabben. Die grüne harmoniert mit Fisch und Krustentieren. Und die gelbe nimmt man gern zu Huhn, aber auch zu Rind. Lassen Sie sich von den Überschneidungen nicht irritieren. Mit der Zeit entwickeln sich Gefühl und Sicherheit, welche Paste mit welchen Zutaten harmoniert.

Zur zweiten Säule gehört auch die Nam Pla (Fischsauce). Sie ist unverzichtbarer Bestandteil vieler Thai-Gerichte. Hergestellt wird sie aus fermentierten Fischen, Salz und Wasser. Nam Pla ist sozusagen das geschmackliche Bindeglied zwischen den Pasten, Fleisch, Fisch, Gemüse und den Gewürzen. Mit gehackten Chillies verrührt, steht sie in Thailand auf jedem Eßtisch. Nicht zu vergessen die helle und die dunkle Sojasauce und die Austernsauce. Zu guter Letzt die unverzichtbaren Chilisaucen. Sie sind die idealen Begleiter von Frühlingsrollen und Fischgerichten. Es gibt sie von sehr scharf bis süß oder säuerlich.

DIE DREI SÄULEN DER THAI-KÜCHE

Die dritte Säule der Thai-Küche bilden Kräuter und Gewürze. Sie wachsen im tropischen Klima Thailands in großer Vielfalt und haben eine für Europäer ungeahnte Geschmacksintensität. Das gilt zum Beispiel für Zitronengras, das Suppen und Curry-Gerichten eine erfrischende Note verleiht. Die Blätter der grünen, runzligen Kaffir-Limette sorgen bei Fischgerichten oder als Begleiter von Krustentieren kleingehackt oder in hauchdünne Streifen geschnitten für einen exotischen und dem Magen schmeichelnden Geschmack. Tamarinde ist ein leicht säuerlich

schmeckendes Gewürz, das eine fruchtige Frische bietet. Vom Basilikum kennt man in Thailand nicht weniger als drei verschiedene Sorten. Mit dem aromatischen, schärferen Basilikum werden überwiegend Hühnergerichte gewürzt.

Neben diesen herausragenden Geschmacksrichtungen findet man in der Thai-Küche natürlich die vielen »alten Bekannten« wie Chilischoten, Knoblauch, Koriandergrün und Korianderwurzel, Peperoni, Galgant (auch Laos-Wurzel genannt) und Ingwer.

KRÄUTER UND GEWÜRZE

Mit diesen drei Säulen können Sie hervorragend kochen, bisweilen auch zaubern. Thailändisches Gemüse wie Auberginen, Frühlingszwiebel, Bambus- und Sojasprossen, Kokosnuß, Lauch, Schlangenbohnen, grüner Spargel aber auch Strohpilze sind nicht nur gut gegen allerlei Wehwehchen, sie erweitern auch nochmal die Palette der Geschmacksnuancen.

Ihr technisches Equipment muß bei weitem nicht so perfekt sein wie in einer europäischen Küche. In erster Linie benötigen Sie eine Pfanne und einen großen Topf, vielleicht auch einen Wok und Rührspatel, ein scharfes Hackmesser und einen Mörser aus Stein. Und das wunderbare Gefühl, kochen zu müssen, neue Gerichte auszuprobieren und mit thailändischer Lust zu verspeisen. Und gegessen wird Gott sei Dank mit dem Löffel, allenfalls bei Nudelsuppen kommen Stäbchen zum Einsatz.

Ihre mentalen Zutaten sollten Sinnesfreude, Gelassenheit und Lebenslust sein. In Thailand ist die Köchin keine Küchenchefin. Sie ist die Mutter der Küche. Im besten Sinn

VORSPEISEN & SAUCEN

Wie vieles im Leben nehmen die Thais auch das strenge europäische Procedere Vorspeise – Hauptgericht – Dessert nicht ernst. Warum auch. Der ganze Tag ist ein Menü; gegessen wird immer. Da ist die Reihenfolge unwichtig. Hauptsache, es schmeckt, und das Auge hat auch etwas zum Genießen. In Bangkok bieten zahllose fliegende Köche und Straßenhändler kleine, frischgemachte Appetithappen an; man kommt einfach nicht an ihnen vorbei. Manche fahren die Flüsse entlang und bieten ihre Leckereien vom Boot aus an. All diese Gaumenfreuden, von Saté-Spießchen bis Lap Ped – einem Gericht aus gehackter Ente –, sind als Zwischenmahlzeit immer willkommen. Meeresfrüchte wie Scampi, Tintenfisch und Muscheln finden säuerlich oder scharf angemacht als Salat ihre Bewunderer. All diese Snacks sind von aromatischer Ausgewogenheit, leicht und bekömmlich.

GLASNUDELSALAT

Yam Wunsen

Für 4 Personen · Zubereitungszeit: 40 Minuten (Foto: Seite 23)

7 Morcheln · 200 g Glasnudeln · 3 Schalotten · 1 mittelgroße Tomate · 2 Frühlingszwiebeln

1 Selleriestange · 3 Korianderzweige · 100 g gekochtes Hähnchenbrustfleisch

2 kleine frische rote oder grüne Chilischoten · 100 g gekochte Krabben · 3 bis 4 EL Limettensaft

3 EL Fischsauce · Salz

1. Die Morcheln gut waschen und 10 Minuten in lauwarmem Wasser einweichen. Die Glasnudeln 5 Minuten in reichlich warmem Wasser einweichen, dann abgießen.

2. Die Schalotten schälen, die Tomate waschen und den Stielansatz entfernen. Schalotten und Tomate in Spalten schneiden.

Frühlingszwiebeln und Sellerie waschen, putzen und in mundgerechte Stücke schneiden. Den Koriander waschen, trockentupfen, die Blättchen von den Stielen zupfen. Das Hähnchenfleisch in mundgerechte Stücke, die Chilischoten in Ringe schneiden.

3. Glasnudeln kurz in kochendes Wasser tauchen, abtropfen lassen.

4. Alle Zutaten in einer Schüssel miteinander vermischen. Salzigsäuerlich abschmecken.

> **N · I · T · A · Y · A**
> *Yam Wunsen ist ein überaus erfrischender und appetitanregender Salat. Als Vorspeise zu einem Thai-Menü sehr zu empfehlen.*

RINDFLEISCHSALAT

Yam Nua

Für 4 Personen · Zubereitungszeit: 40 Minuten

600 g mageres Rindfleisch von der Schulter · 3 EL Reis · 1 Prise Chilipulver · 1 Zitronengrasstengel

5 Zitronenblätter · 2 Frühlingszwiebeln · ½ Salatgurke · 2 Pfefferminzzweige · 2 Korianderzweige

4 EL Limettensaft · 1 Msp Glutamat · 1 Kopf Blattsalat (nach Wahl)

1. Rindfleisch quer zur Faser in feine längliche Scheiben schneiden. In einer Pfanne oder einem Topf ohne Fett kurz braten.

2. Reis und Chili separat ebenfalls trocken rösten. Den Reis in einem Mörser fein zerstoßen.

3. Das Zitronengras in sehr feine Ringe schneiden. Die Zitronenblätter aufrollen und in hauchdünne Streifen schneiden. Die Frühlingszwiebeln putzen und in Ringe schneiden. Die Salatgurke waschen, vierteln und in Scheiben schneiden. Die Pfefferminz- und Korianderzweige waschen, trockentupfen und die Blättchen abzupfen.

4. Alle Zutaten, außer den Pfefferminzblättchen, gut durchmischen. Den Salat leicht scharf und säuerlich abschmecken.

5. Den Blattsalat waschen und putzen. Den Rindfleischsalat auf großen Salatblättern verteilen. Zum Verzehr wird der Rindfleischsalat in die Salatblätter eingewickelt.

BUNTER SALAT MIT HÄHNCHENFLEISCH

Salat Gai

Für 4 Personen · Vorbereitungszeit: 50 Minuten · Zubereitungszeit: 10 Minuten

3 bis 4 Karotten · 100 g Weißkohl · 100 g Eisbergsalat · 200 g gekochtes Hähnchenfleisch

100 g geröstete ungesalzene Erdnüsse · 5 EL Limettensaft · 2 TL Salz · 1 EL Zucker

3 Thai-Chilischoten · 2 EL Olivenöl

1. Karotten waschen, schälen und in Scheiben schneiden. Weißkohl und Eisbergsalat in Blätter zerteilen, waschen, abtropfen lassen und in feine Streifen schneiden. Das Fleisch in Richtung der Faser in feine Streifen schneiden. Die Erdnüsse grob hacken.
2. Fleisch und Gemüse in eine Schüssel geben und für etwa 30 Minuten zugedeckt in den Kühlschrank stellen.
3. Limettensaft, Salz und Zucker solange miteinander verrühren, bis sich Salz und Zucker aufgelöst haben. Die Chilischoten waschen und in feine Ringe schneiden. Zusammen mit den Erdnüssen und dem Öl dazugeben und alles gut vermischen. Die Salatsauce über den Salat gießen und den Salat servieren.

> **N · I · T · A · Y · A**
> *Der Salat schmeckt auch mit anderen Gemüsesorten.*

ENTENBRUSTSALAT

Lap Ped

Für 4 Personen · Zubereitungszeit: 1 Stunde (Foto: Seite 25)

500 g Entenbrust mit Haut · 4 Knoblauchzehen · 1 Stück Galgant (2 bis 3 cm lang) · 3 Korianderzweige

2 Schalotten · 3 bis 4 Zitronenblätter · 2 Frühlingszwiebeln · 3 EL Reis · 2 Zitronen · 2 bis 3 EL Fischsauce ·

1 Prise Chilipulver · Außerdem: 1 Kopf Blattsalat (nach Wahl)

1. Die Entenbrust auf beiden Seiten 10 bis 12 Minuten grillen. Abkühlen lassen, das lauwarme Fleisch fein hacken.
2. Den Knoblauch schälen, den Galgant putzen und beides sehr fein hacken. Korianderzweige waschen, trockentupfen und die Blätter abzupfen. Die Schalotten schälen. Korianderblätter, Zitronenblätter und Schalotten fein hacken. Frühlingszwiebeln putzen und in feine Ringe schneiden.
3. Den Reis in einer Pfanne trocken rösten, bis er braun wird. Dann im Mörser zerstoßen. Alle Zutaten gut miteinander vermischen, mit den Frühlingszwiebeln garnieren.
4. Den Salat waschen und trockentupfen. Den Entensalat zum Verzehren in die Salatblätter wickeln.

> **N · I · T · A · Y · A**
> *Der Salat kann auch mit frischem Gemüse wie Gurke, Thai-Auberginen oder Chinakohl serviert werden. Zum Nachwürzen kann man auch frische Chilischoten, Koriander- und Pfefferminzblätter anbieten.*

PIKANTER ENTENSALAT MIT ZITRONENBLÄTTERN UND PFEFFERMINZE

Plah Ped Yang

Für 4 Personen · Vorbereitungszeit: 1 Stunde · Zubereitungszeit: 30 Minuten

400 g Entenbrust mit Haut · 1 große Zwiebel · Salz · 2 TL gemahlener Koriander · 2 TL Knoblauchpulver

1 EL Austernsauce · 3 EL helle Sojasauce · 3 EL Cognac · 3 Zitronengrasstengel · 4 Zitronenblätter

2 frische Pfefferminzzweige · 8 bis 10 EL Pflanzenöl · 4 EL Tamarindenmus · 2 EL Palmzucker

2 EL Fischsauce · 1 EL Nam Prik Phau (Rezept Seite 36)

1. Das Entenfleisch waschen und trockentupfen. Zwiebel schälen und in kleine Würfel schneiden.

2. Das Fleisch in eine tiefe Schüssel legen und Salz, Zwiebel, gemahlenen Koriander, Knoblauchpulver, Austernsauce, Sojasauce und Cognac dazugeben. Mit den Händen unter leichtem Druck gut durchmischen. Etwa 40 Minuten durchziehen lassen, damit sich der Geschmack der Gewürze gleichmäßig im Fleisch verteilt.

3. Zitronengras waschen, vom unteren Ende 3 bis 5 cm abschneiden, das restliche Gras (etwa 10 cm) in hauchdünne Ringe schneiden. Zitronenblätter waschen, trockentupfen und in feine Streifen schneiden. Pfefferminze waschen, trockentupfen und grob zerkleinern.

4. Etwas Öl im Wok erhitzen und das Entenfleisch darin von beiden Seiten in 8 bis 10 Minuten zartrosa braten. Herausnehmen und das Fleisch in mundgerechte Stücke schneiden.

5. Die übrigen Zutaten aus der Schüssel mit etwas Wasser verdünnt in den Wok geben. Tamarindenmus, Palmzucker, Fischsauce und Nam Prik Phau dazugeben und kurz kochen lassen.

6. Vom Herd nehmen und das Entenfleisch daruntermischen.

7. Zitronenblätter, Zitronengras und Pfefferminze hinzufügen und alles gut umrühren.

> **N · I · T · A · Y · A**
> *Der Entensalat wird mit rohem Gemüse, zum Beispiel Gurke, Blumenkohl, Chinakohl und Aubergine, oder mit rohem Salat wie Kopfsalat, Chicorée oder Romana gegessen.*

PEPERONISALAT MIT GARNELEN

Yam Prikyuak

Für 4 Personen · Vorbereitungszeit: 30 Minuten · Zubereitungszeit: 10 Minuten

200 g rohe, ungeschälte Garnelen ohne Kopf · 5 Knoblauchzehen · 10 Schalotten · 200 g Peperoni

1 l Wasser · 2 EL Fischsauce · 3 EL Limettensaft

1. Die Garnelen waschen, aus der Schale lösen und die Därme entfernen.

2. Knoblauchzehen und Schalotten schälen. Peperoni waschen und die Stielansätze entfernen. Das Gemüse etwa 5 bis 10 Minuten unter dem Grill rösten.

3. Peperoni, Schalotten und Knoblauchzehen im Mörser zerstoßen.

4. Das Wasser zum Kochen bringen. Die Garnelen etwa 1 Minute in das Wasser tauchen. Abtropfen lassen und mit der Peperonimischung verrühren.

5. Fischsauce und Limettensaft dazugeben und alles vermischen. Abschmecken und servieren.

GARNELENSALAT MIT FRISCHER MANGO

Yam Manuang

Für 4 Personen · Vorbereitungszeit: 30 Minuten · Zubereitungszeit: 15 Minuten

300 g rohe, ungeschälte Garnelen ohne Kopf · 1 mittelgroße, feste Mango · 5 bis 7 rote Thai-Zwiebeln

100 g frische Ingwerwurzel · 3 Knoblauchzehen · 5 bis 6 rote und grüne Chilischoten

2 bis 3 Korianderzweige · 3 EL Fischsauce

1. Die Garnelen waschen, aus der Schale lösen und die Därme entfernen.

2. Die Mango schälen. Zuerst in dünne Scheiben, dann in kleine Würfel schneiden. Die Zwiebeln schälen und in kleine Würfel schneiden. Den Ingwer schälen und erst in dünne Scheiben, dann in feine Streifen schneiden. Die Knoblauchzehen schälen, die Chilischoten waschen und die Stielansätze entfernen. Knob-lauchzehen und Chilischoten fein hacken. Die Korianderzweige waschen, trockentupfen und die Blättchen abzupfen.

3. In einem Topf etwa 1 Liter Wasser zum Kochen bringen. Die Garnelen etwa 1 Minute in das kochende Wasser tauchen, abtropfen lassen.

4. Zwiebeln, Knoblauch, Chilischoten und Fischsauce miteinander verrühren. Die Garnelen und die Mangostückchen dazugeben und alles gut vermischen. Zum Schluß den Ingwer und die Korianderblättchen untermischen.

N · I · T · A · Y · A
Beim Einkauf sollten Sie unbedingt beachten, daß die Mango nicht überreif ist. Sie entwickelt in diesem Stadium einen muffigen, terpentinartigen Geschmack.

SHRIMPSSALAT

Jam Gung

Für 4 Personen · Vorbereitungszeit: 20 Minuten · Zubereitungszeit: 10 Minuten (Foto: Seite 28)

4 Zitronenblätter · 1 Zitronengrasstengel · 5 Schalotten · 1 Frühlingszwiebel · 4 Pfefferminzzweige
1 Korianderzweig · 2 frische Chilischoten · 50 g Salatgurke · 4 EL Reis · 400 g gekochte, geschälte
Grönlandshrimps · 4 EL Limettensaft · 3 EL Fischsauce · 1 TL Zucker · Außerdem: 1 Kopfsalat

1. Die Zitronenblätter in feine Streifen, das Zitronengras in sehr feine Ringe schneiden. Die Schalotten und Frühlingszwiebel putzen und in feine Ringe schneiden.
2. Pfefferminz- und Korianderzweige waschen, trockentupfen, die Blättchen abzupfen und grob zerkleinern. Die Chilischoten waschen, Stielansätze entfernen und fein hacken. Wer es nicht so gerne scharf hat, sollte die Kerne

der Chilischote vorher entfernen. Die Gurke schälen, halbieren und kleinschneiden.
3. Den Reis unter Rühren in einer Pfanne trocken rösten. Anschließend im Mörser fein zerstoßen.
4. Alle Zutaten in einer Schüssel miteinander vermischen. Mit Limettensaft, Fischsauce und Zucker abschmecken.
5. Den Kopfsalat zerteilen, die Blätter waschen und abtropfen

lassen. Den Shrimpssalat auf den Salatblättern anrichten.

N·I·T·A·Y·A
Wer öfter thailändisch kocht, kann auch gleich eine größere Menge gerösteten Reis zubereiten. In diesem Fall wird der Reis besser im Küchenmixer gemahlen. Der Reis ist etwa einen Monat haltbar.

MEERESFRÜCHTESALAT

Yam Yai

Für 4 Personen · Vorbereitungszeit: 30 Minuten · Zubereitungszeit: 10 Minuten

je 100 g Muschelfleisch, Tintenfische, Garnelen und Fischfilet · 1 Eissalat oder Kopfsalat · ½ Salatgurke
1 große Zwiebel · 3 Zitronenblätter · 3 Knoblauchzehen · 1 kleine frische Chilischote · 3 Korianderzweige
3 EL Fischsauce · 3 EL Limettensaft · 1 Prise Zucker

1. Die Meeresfrüchte waschen und trockentupfen. Den Salat waschen und in Blätter zerteilen. Gurke und Zwiebel schälen, vierteln und in dünne Scheiben schneiden. Zitronenblätter zusammenrollen und in hauchdünne Streifen schneiden. Die Knoblauchzehen schälen und in dünne Scheiben schneiden.

Die Chilischote waschen, Stielansatz entfernen und die Schote in feine Ringe schneiden. (Eventuell die Kerne der Chilischote entfernen.) Korianderzweige waschen, trockentupfen und die Blättchen abzupfen.
2. Die Meeresfrüchte bei mittlerer Hitze unter ständigem Rühren ohne Fett in einer Pfanne oder im

Topf garen, bis das Fleisch weiß ist und sich fest zusammenzieht. Die Meeresfrüchte in mundgerechte Stücke schneiden.
3. Alle Zutaten außer den Salatblättern gut miteinander vermischen. Den Salat vor dem Servieren in die Salatblätter wickeln.

SCAMPISALAT

Gung Ten

Für 4 Personen · Vorbereitungszeit: 20 Minuten · Zubereitungszeit: 10 Minuten

500 g rohe, ungeschälte Scampi · 2 bis 3 Knoblauchzehen · 5 Thai-Chilischoten · 1 bis 2 Korianderzweige
8 bis 10 Kopfsalatblätter · 2 EL Fischsauce · 3 EL Limettensaft

1. Die Scampi waschen und schälen. Die Rücken der Länge nach einschneiden und die Därme entfernen.
2. Knoblauch schälen, die Chilischoten waschen, Stielansätze entfernen. Knoblauch und Chilischoten fein hacken. Korianderzweige waschen, trockentupfen, die Blättchen abzupfen und grob zerkleinern. Die Salatblätter waschen und abtropfen lassen.

3. Die Scampi etwa 2 bis 3 Minuten grillen. Die Teller mit Salatblättern auslegen und die Scampi darauf anrichten.
4. Knoblauch, Chilischoten, Fischsauce und Limettensaft miteinander vermischen und die Scampi damit beträufeln. Mit Korianderblättern bestreuen und servieren.

> ### N · I · T · A · Y · A
> *Wörtlich übersetzt heißt Gung Ten „Tanzende Scampi". Der Grund dafür: In Thailand kommen für dieses Gericht nur fangfrische, manchmal sogar noch lebende Scampi auf den Grill...*

GEBACKENE SCAMPI

Gung Toad

Für 4 Personen · Vorbereitungszeit: 20 Minuten · Zubereitungszeit: 15 Minuten (Foto: Seite 30)

500 g mittelgroße rohe, ungeschälte Scampi · 100 g Weizenmehl · ⅛ l Weißwein · 1 TL Salz

1 TL weißer Pfeffer · 1 TL Zucker · 2 TL Sesamsamen · 1 TL getrockneter Dill · 1 TL gemahlener Koriander

½ TL Backpulver · 2 EL Sesamöl · 1 l Pflanzenöl zum Ausbacken · 1 Schälchen Chili-Dip (Rezept Seite 37)

1. Die Scampi schälen und die Därme entfernen. Waschen und mit Küchenpapier trockentupfen.
2. Mehl mit Weißwein, Salz, Pfeffer, Zucker, Sesam, Dill, Koriander, Backpulver und Sesamöl verrühren.
3. Pflanzenöl im Wok erhitzen. Die Scampi in die Panade tauchen und im heißen Öl schwimmend ausbacken, bis sie goldbraun sind. Auf Küchenpapier abtropfen lassen. Mit dem Chili-Dip und einem Salat servieren.

> **N · I · T · A · Y · A**
> *Den Rücken der geschälten Scampi der Länge nach aufritzen. Jetzt können Sie den Darm mühelos entfernen. Sollte der Ausbackteig zu dickflüssig sein, können Sie ihn problemlos mit Weißwein verdünnen.*

GEDÜNSTETE SOJABOHNENSPROSSEN MIT SPECK

Pat Toangnog

Für 4 Personen · Vorbereitungszeit: 10 Minuten · Zubereitungszeit: 5 Minuten

250 g Sojabohnensprossen · 2 Frühlingszwiebeln · 2 Knoblauchzehen · 50 g magerer geräucherter Speck

4 EL Sesamöl · 2 EL Austernsauce · 1 TL helle Sojasauce

1. Die Sojabohnensprossen waschen und abtropfen lassen. Die Frühlingszwiebeln putzen und in 5 cm lange Streifen schneiden. Die Knoblauchzehen schälen, mit einem breiten Messer flachdrücken und anschließend fein hacken. Den geräucherten Speck in kleine Würfel schneiden.
2. Sesamöl im Wok oder in einer tiefen Pfanne erhitzen, Knoblauch und Speck darin kurz anbraten.
3. Die restlichen Zutaten dazugeben, gut vermischen und mit Austernsauce und Sojasauce abschmecken. Sofort servieren!

> **N · I · T · A · Y · A**
> *Die Bohnensprossen müssen sehr frisch sein, damit dieses Gericht schön knackig wird.*

REISPAPIERTÄSCHCHEN MIT GARNELEN

Guytiau Yadsei

Für 4 Personen · Vorbereitungszeit: 30 Minuten · Zubereitungszeit: 30 Minuten (Foto: Seite 33, rechts)

400 g rohe, ungeschälte Garnelen · 100 g Sojabohnensprossen · 3 Korianderzweige · 3 Pfefferminzzweige

3 Basilikumzweige (Bai Horapa) · 4 Reispapierblätter (20 x 20 cm)

Für den Dip: 50 g Zucker · 1 EL Salz · 1 EL Essig · 1 EL feingehackte rote Chilischote

1. Die Garnelen waschen und aus der Schale lösen. Die Rücken der Länge nach einschneiden und die Därme entfernen.

2. Etwas Wasser in einem Topf zum Kochen bringen. Die Sojabohnensprossen darin kurz blanchieren. Abgießen, mit kaltem Wasser abschrecken und abtropfen lassen.

3. Koriander, Pefferminze und Basilikum waschen und trockentupfen. Die Blättchen von den Zweigen zupfen und grob zerkleinern.

4. In einem großen Topf Wasser zum Kochen bringen und die Garnelen kurz in das kochende Wasser tauchen, abtropfen lassen.

5. Die Reispapierblätter auf der Arbeitsfläche ausbreiten und mit Wasser anfeuchten. Garnelen, Sojabohnensprossen und Kräuter auf die vier Blätter verteilen und zu Täschchen zusammenfalten. Dafür erst die untere Ecke zur Hälfte nach oben klappen, dann die beiden seitlichen Ecken zur Mitte und die vierte Ecke darüberklappen.

6. Für den Dip den Zucker mit etwas Wasser aufkochen, bis sich der Zucker aufgelöst hat. Salz, Essig und die Chilischote dazugeben und gut vermischen. Abkühlen lassen und als Dip zu den Reispapiertäschchen servieren.

> **N·I·T·A·Y·A**
> *Die Reispapiertäschchen sind eine Spezialität aus Nordthailand. Besonders in Laos schätzt man mit Basilikum gefüllte Gerichte.*

GEFÜLLTE REISPAPIERRÖLLCHEN

Guytiau Lord

Für 4 Personen · Vorbereitungszeit: 20 Minuten · Zubereitungszeit: 30 bis 40 Minuten (Foto: Seite 33, links)

4 bis 5 getrocknete Tongku-Pilze · 5 Knoblauchzehen · 200 g rohe, geschälte Garnelen

3 bis 4 EL Pflanzenöl · 100 g getrocknete Krabben · 100 g Sojabohnensprossen · 100 g Bambussprossen

1 bis 2 EL dunkle Sojasauce · 8 Reispapierblätter (20 x 20 cm) · Für den Dip: 5 rote Chilischoten

3 EL Essig · 3 EL dunkle Sojasauce

1. Die Pilze etwa 10 Minuten in lauwarmem Wasser einweichen. Danach die Stiele entfernen und die Kappen in feine Streifen schneiden. Die Knoblauchzehen

schälen, mit einem breiten Messer flach drücken und wie die Garnelen fein hacken.

2. Das Öl in einer Pfanne erhitzen und den Knoblauch darin bei

niedriger Hitze goldbraun braten. Aus der Pfanne nehmen.

3. Im restlichen Öl Garnelen, Krabben, Sojabohnensprossen, Bambussprossen und Pilze kurz

anbraten. Die Sojasauce dazugeben, alles gut vermischen und aus der Pfanne nehmen.

4. Die Reispapierblätter auf der Arbeitsfläche auslegen und mit etwas Wasser anfeuchten. Je ein Achtel der Garnelenfüllung und des gebratenen Knoblauchs auf jedem Reispapierblatt verteilen. Die Blätter an den beiden kurzen Enden etwas einschlagen, dann der Länge nach aufrollen.

5. Einen Dämpftopf mit genügend Wasser füllen und die Röllchen in den Einsatz legen. Etwa 10 Minuten bei starker Hitze dämpfen.

6. In der Zwischenzeit die Chilischoten putzen, die Stielansätze entfernen und die Schoten fein hacken. Mit dem Essig vermischen.

7. Chiliessig und Sojasauce als Dips separat zu den fertig gedämpften Röllchen servieren.

N · I · T · A · Y · A

Dieses Gericht ist eine überaus wohlschmeckende Vorspeise – sogar mit einem kleinen Überraschungseffekt. Wer den scharfen Chilidip etwas »entschärfen« möchte, muß die Kerne der Chilischoten vor dem Hacken der Schoten entfernen.

GEBACKENER KLEBREIS MIT SCHWEINE-HACKFLEISCH

Kao Neow Toad

Für 4 Personen · Vorbereitungszeit: 10 Stunden · Zubereitungszeit: 30 Minuten

200 g Klebreis · 3 Eier · 100 g Schweinehackfleisch · Salz · 2 TL rote Currypaste

200 ml Öl zum Braten

1. Den Klebreis etwa 8 bis 10 Stunden in Wasser einweichen, abgießen. Auf den Boden eines Dämpftopfes etwas Wasser geben, den Dämpfeinsatz hineinstellen und den eingeweichten Reis darin etwa 15 Minuten dämpfen.
2. Die Eier über einem Suppenteller aufschlagen und mit einer Gabel verquirlen.

3. Reis, Hackfleisch, Salz und Currypaste gut miteinander vermischen. Etwa 1 EL von der Reismischung abstechen und zur Kugel formen. Mit der übrigen Reismischung ebenso verfahren.
4. Das Öl in einem Wok erhitzen. Die Reisbällchen in den verquirlten Eiern wenden und sofort bei mittlerer Hitze im Öl braten.

Wenn die Bällchen von allen Seiten schön goldbraun sind, herausnehmen und auf Küchenpapier abtropfen lassen.

HÄHNCHENSPIESSE

Saté Gai

Für 4 Personen · Vorbereitungszeit: 1 Stunde · Zubereitungszeit: 20 Minuten (Foto: Seite 35, links)

600 g Hähnchenbrustfilets · 1 Zitronengrasstengel · 150 ml Kokosmilch · 1 TL Korianderpulver

1 TL Paprikapulver, mittelscharf · 1 TL Zucker · 1 TL Salz · 1 TL Curry

Außerdem: 40 bis 60 kleine Holzspieße · Öl zum Braten

1. Das Hähnchenfleisch in 4 bis 5 cm lange Streifen schneiden. Das Zitronengras sehr fein hacken. Alle Zutaten miteinander vermischen und das Hähnchenfleisch darin 30 bis 40 Minuten marinieren.

2. Das Hähnchenfleisch auf die Spieße stecken. Im heißen Öl jeweils in etwa 2 Minuten aus backen. Mit Erdnußsauce und Peperoni-Gurken-Sauce (siehe Seite 39) servieren.

> ### N · I · T · A · Y · A
> *Statt Hähnchenfleisch kann man auch Rindfleisch verwenden.*

ERDNUSS-SAUCE

Nam Jim Toaw

Für 4 Personen · Zubereitungszeit: 15 Minuten (Foto: Seite 35, rechts)

100 g geschälte, ungesalzene Erdnüsse · 200 ml Kokosmilch · 1 EL Massaman-Paste · 1 TL gemahlener Koriander

1 TL Currypulver · 2 EL Tamarindenmus oder Limettensaft · 2 TL Zucker · 2 EL Erdnußpaste

2 bis 3 EL Fischsauce

1. Die Erdnüsse in einer Pfanne ohne Fett goldbraun rösten. Abkühlen lassen und im Mörser zerstoßen.

2. Die Kokosmilch bei mittlerer Hitze erwärmen. Unter ständigem Rühren alle Zutaten nach und nach dazugeben. Die Sauce ca. 2 Minuten kochen lassen.

3. Vom Herd nehmen und nach Belieben mit Fischsauce abschmecken. Die Sauce soll eine cremige Konsistenz haben.

> **N · I · T · A · Y · A**
> *Die Sauce paßt sehr gut zu den Hähnchen-Spießen.*

CHILIGEWÜRZMISCHUNG

Nam Prik Phau

Für 500 ml · Vorbereitungszeit: 20 Minuten · Zubereitungszeit: 40 Minuten (Foto: Seite 38, rechts unten)

10 Schalotten · 10 Knoblauchzehen · 200 g getrocknete Krabben · 125 ml Pflanzenöl

100 g getrocknete Chilischoten · 2 EL Palmzucker · 3 EL Tamarindenmus

1. Schalotten und Knoblauchzehen schälen und in kleine Würfel schneiden. Die Krabben im Mörser fein zerstoßen (oder in der Küchenmaschine zerhacken).

2. Das Öl in einer kleinen Pfanne erhitzen und Schalotten, Knoblauchzehen und Chilischoten bei mittlerer Hitze darin goldbraun anbraten. Aus der Pfanne nehmen, abtropfen und abkühlen lassen.

3. Die gebratenen Schalotten, Knoblauchzehen und die Chilischoten im Mörser fein zerstoßen und im Öl ein zweites Mal anbraten. Krabben dazugeben und kurz anbraten.

4. Fischsauce, Palmzucker und Tamarindenwasser hinzufügen und alles gut vermischen. Abkühlen lassen. (Nach Belieben mit feingeschnittenen Zitronenblättern bestreuen.)

> **N · I · T · A · Y · A**
>
> *Nam Prik Phau paßt zu verschiedenem Gemüse oder gekochten Eiern. Viele thailändische Gerichte werden damit gewürzt. Im Kühlschrank hält sich die Sauce etwa 2 bis 3 Monate.*

HONIGSAUCE

Nam Püng

Für 1 l · Vorbereitungszeit: 15 Minuten · Zubereitungszeit: 20 bis 30 Minuten (Foto: Seite 38, Mitte oben)

1 große rote Paprikaschote · 4 rote Peperoni · 3 rote Chilischoten · 1 Knoblauchzehe

2 eingelegte Knoblauchzehen mit etwas Einlegflüssigkeit · 1 daumengroßes Stück Ingwerwurzel · 200 g Honig

200 ml Essig · 2 EL Zucker · 1 TL Salz · 2 EL Pflanzenöl · 4 EL helle Sojasauce · 1 TL dunkle Sojasauce

1. Die Paprikaschote waschen, Stielansatz und Samenstränge entfernen und die Schote in kleine Würfel schneiden. Peperoni und Chilischoten waschen, Stielansätze entfernen und die Schoten grob zerkleinern. Die Knoblauchzehe schälen.

2. Paprika, Peperoni, Chilischoten und die frische und die eingelegten Knoblauchzehen mitsamt der Einlegflüssigkeit in der Küchenmaschine zerkleinern.

3. Den Ingwer schälen und mit einem breiten Messer flachquetschen, bis er intensiv zu duften beginnt.

4. Honig, Essig und alle anderen Zutaten in einen Topf geben und so lange kochen, bis die Sauce sämig wird. Nach dem Erkalten muß die Sauce zähflüssig sein.

> **N · I · T · A · Y · A**
>
> *Diese schnell gemachte Sauce ist zu Fisch, Fleisch, Frühlingsrollen und Reis ein Genuß. Sie sollte eigentlich immer auf dem Tisch stehen, da sie sich hervorragend zum Nachwürzen eignet. Außerdem läßt sie sich gut aufbewahren.*

CHILI-DIP

Nam Jim Aharn Taley Phau

Für 4 Personen · Zubereitungszeit: 20 Minuten (Foto: Seite 38, rechts oben)

4 Knoblauchzehen · 3 dünne Scheiben Ingwerwurzel · 3 Korianderwurzeln · 10 rote und grüne Thai-Chilischoten

3 EL Fischsauce · 1 EL Zucker · 3 EL Limettensaft · Blättchen von 2 Korianderzweigen

1. Den Knoblauch schälen, Ingwer und Korianderwurzeln putzen und grob zerkleinern. Mit den Chillies im Mörser fein zerstoßen.

2. Fischsauce, Zucker und Limettensaft dazugeben. Verrühren, bis der Zucker sich aufgelöst hat. Mit Korianderblättchen bestreuen.

> **N · I · T · A · Y · A**
> *Der Dip paßt zu gegrillten Meeresfrüchten.*

FRISCHE CHILISAUCE

Prik Nam Pla

Für ca. 300 ml · Zubereitungszeit: 15 Minuten (Foto: Seite 38, Mitte unten)

20 rote und grüne Chilischoten · 6 Knoblauchzehen · 1 EL Zucker · 8 bis 10 EL Fischsauce · 6 bis 8 EL Limettensaft

1. Chilischoten waschen und in kleine Ringe schneiden. Knoblauchzehen schälen, flachdrücken, in feine Würfel schneiden.

2. Chilischoten und Knoblauchzehen mit den restlichen Zutaten in einer Schüssel gut verrühren.

> **N · I · T · A · Y · A**
> *Diese Sauce ist zum Nachwürzen von Reis und anderen Gerichten.*

DIP MIT ERDNÜSSEN UND CHILISCHOTEN

Nam Jim Tua

Für 4 Personen · Vorbereitungszeit: 15 Minuten · Zubereitungszeit: 15 Minuten

150 g geröstete Erdnüsse · 8 bis 10 getrocknete geröstete Chilischoten · 3 EL Palmzucker · 2 EL Fischsauce

3 EL Tamarindenmus (oder Limettenensaft) · Blättchen von 2 Korianderzweigen

1. Erdnüsse und Chilischoten im Mörser zerstoßen (oder in der Küchenmaschine hacken).
2. Palmzucker, Fischsauce und Tamarindenmus erhitzen. Rühren, bis sich der Zucker aufgelöst hat.

3. Chillies und Erdnüsse unterrühren und vom Herd nehmen. Vor dem Servieren mit den Korianderblättchen bestreuen.

> **N · I · T · A · Y · A**
> *Der Dip schmeckt zu frischem Gemüse, gedämpftem Fisch oder Hähnchen.*

PIKANTE PEPERONI-GURKEN-SAUCE

Ajad

Für 4 Personen · Zubereitungszeit: 15 Minuten

½ Salatgurke · 3 Schalotten · 1 rote Peperoni · 4 EL Limettensaft · 1 TL Salz · 1 TL Zucker

1. Die Gurke schälen und in kleine Stücke schneiden. Die Schalotten schälen und in kleine Würfel, die Peperoni in Ringe schneiden.

2. Alle Zutaten gut miteinander vermischen.

> **N · I · T · A · Y · A**
> *Diese Sauce unbedingt zu Saté servieren.*

SCHALOTTEN-PEPERONI-SAUCE

Nam Jim Homdäng

Für 500 ml · Zubereitungszeit: 15 Minuten (Foto: Seite 38, links oben)

8 rote und grüne Peperoni · 8 Schalotten · 2 EL Zucker · 6 bis 8 EL Limettensaft

1. Die Peperoni grillen, bis sie sich leicht bräunlich verfärben. Die Haut abziehen und die Peperoni in feine Ringe schneiden.Die Schalotten schälen und in kleine Würfel schneiden.

2. Alle Zutaten in eine Schüssel geben. Verrühren, bis der Zucker sich aufgelöst hat. (Nach Belieben mit roten Chilischoten dekorieren oder mit kleingeschnittenem Koriander würzen.)

> **N · I · T · A · Y · A**
> *Diese Sauce schmeckt hervorragend zu allem Gegrillten sowie zu gekochtem, ungewürztem Gemüse.*

SÜSSE SCHWARZE SOJASAUCE MIT INGWER

Nam Jim King

Für ca. 300 ml · Zubereitungszeit: 15 Minuten (Foto: Seite 38, links unten)

2 Knoblauchzehen · 1 EL Pflanzenöl · 3 EL helle Sojasauce · 2 EL dunkle Sojasauce · 3 EL Essig · 2 EL Fischsauce
2 EL feingehackte Ingwerwurzel · 1 TL feingehackte Chilischote · 1 TL Zucker

1. Die Knoblauchzehen schälen, mit einem breiten Messer flachdrücken und in kleine Würfel schneiden. In heißem Öl goldbraun anbraten.

2. Knoblauch mit allen übrigen Zutaten in eine tiefe Schüssel geben und alles kräftig miteinander verrühren. (Nach Belieben mit feingehacktem Koriander würzen.)

> **N · I · T · A · Y · A**
> *Diese Sauce paßt sehr gut zu gekochtem Fisch oder Hähnchen, aber auch zu warmem Reis.*

SUPPEN

Zu den kleinen, sehr bekömmlichen Gerichten zählen auch die Suppen. Sie dürfen auf keiner thailändischen Tafel fehlen. Die meisten sind chinesischen Ursprungs, nur haben sich die Rezepte – was Würze und Schärfe anbelangt – dem thailändischen Geschmack angepaßt. Grundlage dieser Suppen ist meist eine klare Hühnerbrühe. Gemüse und ausdrucksstarke Kräuter wie Zitronengras und -blätter, Basilikum, Galgantwurzel oder auch Seetang geben ihnen jene pikante unvergleichliche Note. Scharfe Suppen mit Chili machen munter und einen klaren Kopf. Kein Wunder, wenn die Thais schon am frühen Morgen diese Suppen als Frühstück zu sich nehmen. Eigentlich können sie Suppen zu jeder Tages- oder Nachtzeit mit den verschiedensten Einlagen genießen. Man sagt, jeder Thai hat zwischen zwei Gängen nur einen Gedanken: Was gibt es als Nächstes?

GURKENSUPPE

Gäng Ihud Däng

Für 4 Personen · Vorbereitungszeit: 30 Minuten · Zubereitungszeit: 10 Minuten

250 g Hähnchenbrustfleisch · 100 g rohe, ungeschälte Garnelen · 4 Tongku-Pilze · 1 große Salatgurke
4 Knoblauchzehen · 2 EL Pflanzenöl · 1 mittelgroße Zwiebel · 2 Frühlingszwiebeln · 3 Korianderzweige mit
Wurzeln · ¾ l Hühnerbrühe · 1 EL helle Sojasauce · 2 EL Fischsauce · frisch gemahlener Pfeffer

1. Die Hähnchenbrust in mundgerechte Stücke schneiden. Die Garnelen waschen, aus den Schalen lösen und die Därme entfernen. Die Pilze etwa 10 Minuten in lauwarmem Wasser einweichen. Die Gurke schälen, entkernen und in Würfel schneiden.

2. Die Knoblauchzehen schälen, mit einem breiten Messer flachdrücken, dann in kleine Würfel schneiden. Das Öl erhitzen und den Knoblauch darin goldgelb dünsten.

3. Die Zwiebel schälen und in kleine Würfel schneiden. Frühlingszwiebeln waschen, putzen und in etwa 5 cm lange Streifen schneiden. Das Einweichwasser der Pilze abgießen. Die Stiele der Pilze entfernen, die Kappen vierteln. Korianderzweige waschen, trockentupfen und die Blättchen abzupfen. Die Wurzeln abschneiden und putzen.

4. Die Brühe zum Kochen bringen. Korianderwurzeln, Sojasauce, Fischsauce, Pilze, Zwiebel- und Gurkenwürfel dazugeben und etwa 2 Minuten kochen lassen.

5. Das Hähnchenfleisch dazugeben und die Suppe einmal kurz aufwallen lassen.

6. Garnelen, Pfeffer und Frühlingszwiebeln dazugeben, den Topf vom Herd nehmen. Die Suppe 1 bis 2 Minuten durchziehen lassen. Die Korianderwurzeln entfernen und die Suppe mit Knoblauch und Korianderblättchen abschmecken.

PILZSUPPE MIT BASILIKUM UND KRABBEN

Gäng Ned Ruam

Für 4 Personen · Vorbereitungszeit: 30 Minuten · Zubereitungszeit: 10 bis 15 Minuten

150 g Austernpilze · 150 g Champignons · 2 bis 3 weiße Basilikumzweige (Bai Manglak) · 1 Zitronengrasstengel
3 Knoblauchzehen · 1 kleine Zwiebel · 5 rote Chilischoten · 2 bis 3 Scheiben Galgant
1 l Gemüse- oder Hühnerbrühe · 200 g Krabben · 2 bis 3 EL Fischsauce

1. Die Austernpilze und Champignons putzen und in kleine Stücke schneiden.

2. Die Basilikumzweige waschen, trockentupfen und die Blätter mit den Fingern grob zerkleinern. Zitronengras waschen, Knoblauch und Zwiebel schälen. Chilischoten waschen, die Stielansätze entfernen. Galgant putzen. Zitronengras, Knoblauch, Chilischoten, Zwiebel und Galgant fein hacken.

3. Brühe zum Kochen bringen. Das Feingehackte dazugeben und 2 bis 3 Minuten in der Brühe ziehen lassen.

4. Krabben und Pilze dazugeben und etwa 5 Minuten kochen lassen. Mit Fischsauce und Basilikum abschmecken.

ZUCCHINISUPPE MIT GETROCKNETEN GARNELEN

Gäng Liang Gung

Für 4 Personen · Vorbereitungszeit: 20 Minuten · Zubereitungszeit: 10 Minuten

4 mittelgroße Zucchini · 200 g frische Maiskölbchen · 100 g frische Champignons · 1 Bund weiße Basilikumzweige (Bai Manglak) · 3 Schalotten · 1 Chilischote · 3 Korianderwurzeln · 2 EL getrocknete Garnelen
1 TL Krabbenpaste · ½ TL weiße Pfefferkörner · ¾ l Hühnerbrühe · 4 EL Fischsauce · 1 TL Zucker

1. Zucchini und Maiskölbchen waschen, putzen und in kleine Würfel schneiden. Die Champignons putzen und halbieren. Die Basilikumzweige waschen, trockentupfen, die Blätter abzupfen und mit den Fingern grob zerkleinern.
2. Die Schalotten schälen, Chilischote und Korianderwurzeln waschen, von der Chilischote den Stielansatz entfernen. Mit den Garnelen, der Krabbenpaste und den Pfefferkörnern in der Küchenmaschine fein zerkleinern oder im Mörser zerstoßen.
3. Hühnerbrühe erhitzen, die zerkleinerten Zutaten dazugeben und kurz aufkochen lassen. Fischsauce, Zucchini, Maiskölbchen und Zucker hinzufügen und kurz durchziehen lassen.
4. Die Suppe vor dem Servieren mit Basilikum bestreuen.

> **N · I · T · A · Y · A**
> *Wenn Sie kein weißes Thai-Basilikum bekommen, können Sie auch europäisches Basilikum verwenden. Allerdings müssen Sie davon etwas mehr nehmen, da es nicht so aromatisch ist.*

REISSUPPE MIT GARNELEN

Kao Tom Gung

Für 4 Personen · Vorbereitungszeit: 20 Minuten · Zubereitungszeit: 20 Minuten

200 g rohe, ungeschälte Garnelen · 1 Selleriestange · 2 Knoblauchzehen · 2 EL Pflanzenöl
1 l Hühnerbrühe · 150 g gekochter Reis · ½ TL feingehackter Galgant · 2 EL helle Sojasauce
1 TL eingelegte gelbe Bohnen (aus dem Glas) · 1 TL eingelegter Kohl (aus dem Glas) · ½ TL Pfeffer

1. Die Garnelen waschen, aus der Schale lösen und die Därme entfernen. Den Sellerie waschen, putzen und in etwa 1 cm lange Stücke schneiden. Die Knoblauchzehen schälen, mit einem breiten Messer flachdrücken, dann in feine Würfel schneiden. In einer kleinen Pfanne im heißen Öl goldgelb braten.
2. Hühnerbrühe erhitzen und den Reis darin erwärmen. Die Garnelen dazugeben und einmal kurz aufkochen lassen.
3. Galgant, Sojasauce und die eingelegten Bohnen dazugeben, gut verrühren und abschmecken.
4. Vor dem Servieren den eingelegten Kohl, Sellerie, Pfeffer und Knoblauch darübergeben.

> **N · I · T · A · Y · A**
> *Statt der Garnelen kann man auch Tintenfisch, Fisch oder Fleisch verwenden. Gebratenen Knoblauch (Kratiem Jiau) benötigt man für viele Reis- und Nudelsuppen.*

GARNELENSUPPE MIT ZITRONENGRAS

Tom Yam Gung

Für 4 Personen · Vorbereitungszeit: 20 Minuten · Zubereitungszeit: 20 Minuten (Foto: Seite 44)

500 g rohe, ungeschälte Garnelen, ohne Kopf · 150 g Strohpilze (aus der Dose) · 1 Stück Galgant (4 bis 5 cm)

2 Zitronengrasstengel · 3 Korianderzweige · 5 Zitronenblätter · 4 cl Limettensaft · 2 EL Fischsauce

3 Chilischoten · 2 EL Nam Prik Phau (Rezept Seite 36) · 2 TL Zucker · 2 TL gekörnte Fleisch- oder Hühnerbrühe

1. Die Garnelen schälen, dabei das Schwanzende jedoch nicht entfernen. Die Garnelen jeweils der Länge nach halbieren, den Darm herausziehen.

2. Die Strohpilze abgießen. Galgant und Zitronengras putzen und flachklopfen. Die Korianderzweige waschen, trockentupfen und Blätter abzupfen.

3. In einem Topf 1 Liter Wasser zum Kochen bringen. Alle Zutaten außer Garnelen, Koriander, einem kleinen Stück Zitronengras und 2 Zitronenblättern dazugeben und etwa 4 Minuten kochen lassen. Säuerlich abschmecken.

4. Die beiden Zitronenblätter halbieren, das Zitronengrasstück quetschen und in Fasern zertei-

len. Auf 4 Suppenschalen verteilen. Die Garnelen für etwa ½ Minute in die kochende Suppe geben. Die Suppe sofort auf die Suppenschalen verteilen und mit Korianderblättern garnieren.

GARNELENSUPPE MIT NUDELN

Guytiau Tom Yam Gung

Für 4 Personen · Vorbereitungszeit: 30 Minuten · Zubereitungszeit: 10 Minuten

200 g Reisnudeln · 3 Zitronengrasstengel · 5 bis 6 Zitronenblätter · 3 Korianderzweige · 2 Frühlingszwiebeln

200 g rohe, ungeschälte Garnelen · 1 l Gemüse- oder Hühnerbrühe · 5 bis 6 dünne Scheiben Galgant

2 bis 3 EL Nam Prik Phau (Rezept Seite 36) · 3 EL Fischsauce · 3 EL Limettensaft

1. Die Reisnudeln 10 Minuten in lauwarmem Wasser einweichen. Abgießen, abtropfen lassen und in etwa 5 cm lange Stücke schneiden.

2. Zitronengras und -blätter waschen. Zitronengras im Mörser zerstoßen und in etwa 3 cm lange Stücke schneiden. Korianderzweige waschen, trockentupfen und die Blättchen abzupfen. Die Frühlingszwiebeln waschen, putzen und in feine Ringe schneiden. Die Garnelen waschen, aus der Schale lösen und die Därme entfernen.

3. Die Brühe zum Kochen bringen. Zitronengras, -blätter und Galgant dazugeben und etwa 5 bis 6 Minuten kochen lassen. Die Garnelen dazugeben und kurz mitkochen.

4. Nam Prik Phau, Fischsauce und Limettensaft dazugeben und die Suppe abschmecken.

5. Reisnudeln kurz in kochendes Wasser tauchen, in einem Sieb abtropfen lassen und auf vier Suppenschalen verteilen.

6. Die Suppe über die Nudeln geben. Mit Zitronenblättern und Frühlingszwiebeln garniert servieren.

SEETANGSUPPE

Gäng Jeod Salei Taley

Für 4 Personen · Vorbereitungszeit: 30 Minuten · Zubereitungszeit: 20 Minuten

200 g Schweinehackfleisch · 1 Prise Pfeffer · 2 EL helle Sojasauce · 1 Selleriestange · 2 Frühlingszwiebeln

3 Korianderwurzeln · 3 Seetangblätter · 2 bis 3 Knoblauchzehen · 1 EL Pflanzenöl · 1 l Hühnerbrühe

1 TL eingelegter Kohl (aus dem Glas) · 2 EL Fischsauce

1. Das Hackfleisch mit Pfeffer und Sojasauce vermischen. Sellerie und Frühlingszwiebeln waschen, putzen und in etwa 2 cm lange Streifen schneiden. Die Korianderwurzeln putzen. Die Seetangblätter grob zerkleinern.

2. Die Knoblauchzehen schälen, mit einem breiten Messer flachdrücken, dann in kleine Würfel schneiden. Öl in einer kleinen Pfanne erhitzen und den Knoblauch darin leicht bräunen.

3. Das Hackfleisch mit feuchten Händen zu kleinen Bällchen formen. Die Hühnerbrühe mit den Korianderwurzeln zum Kochen bringen und die Hackfleischbällchen darin etwa 10 Minuten kochen lassen.

4. Seetang und Kohl dazugeben und mit Fischsauce abschmecken. Vor dem Servieren die Korianderwurzeln entfernen und die Suppe mit Sellerie, Frühlingszwiebeln und Knoblauch bestreuen.

MEERESFRÜCHTESUPPE

Po Dag

Für 4 Personen · Vorbereitungszeit: 35 Minuten · Zubereitungszeit: 20 Minuten (Foto: Seite 47)

je 100 g Hummerkrabben, Miesmuscheln, Fischfilet und Tintenfisch · 1 feste Tomate · 2 Schalotten

4 Knoblauchzehen · 2 getrocknete Peperoni · 2 Zitronengrasstengel · 1 Stück Galgant (4 bis 5 cm)

1 l Wasser · 5 Zitronenblätter · 2 EL Nam Prik Phau (Rezept Seite 36) · 2 TL Zucker

2 TL gekörnte Fleisch- oder Hühnerbrühe · 2 bis 4 frische Dillzweige

1. Die Hummerkrabben schälen, die Schwänze nicht abtrennen. Die Krabben der Länge nach in der Mitte einschneiden und die Därme herausziehen. Die Muscheln unter fließendem Wasser abbürsten. Das Fischfilet und den Tintenfisch in mundgerechte Stücke schneiden. Die Tomate waschen, Stielansatz entfernen und achteln.

2. Schalotten und Knoblauch schälen und fein hacken. Zusammen mit den Peperoni ohne Öl anrösten. Abkühlen lassen und im Mörser leicht zerstoßen.

3. Die Muscheln in einen Topf geben und dünsten, bis sie sich öffnen. Dann das Muschelfleisch aus den Schalen lösen.

4. Zitronengras und Galgant flachklopfen, ein kleines Stück Zitronengras vorher beiseite legen.

5. Das Wasser in einem Topf zum Kochen bringen. Alle Zutaten außer den Meeresfrüchten, dem kleinen Stück Zitronengras, 2 Zitronenblättern und 1 Dillzweig dazugeben und ca. 4 Minuten kochen lassen.

6. Die aufbewahrten Zitronenblätter halbieren, das Zitronengras quetschen und in Fasern teilen. Beides auf 4 Suppenschalen verteilen. Die Dillblättchen von dem Zweig zupfen.

7. Die Meeresfrüchte für etwa ½ Minute in die Suppe geben, auf die Suppenteller verteilen, etwas Dill darüberstreuen und servieren.

> **N · I · T · A · Y · A**
> *Die in ganz Thailand bekannte Suppe können Sie auch mit anderen Muscheln und Meerestieren zubereiten. Das Fleisch von Venusmuscheln, Taschenkrebsen und Hummern ist geschmacklich eine gute Ergänzung.*

WACHTELEIERSUPPE

Kainok

Für 4 Personen · Vorbereitungszeit: 20 Minuten · Zubereitungszeit: 20 Minuten

150 g Hähnchenbrustfleisch · 10 Morcheln · 30 g Glasnudeln · 3 Korianderzweige mit Wurzeln · 4 Knoblauchzehen · 1 EL Universal-Feinwürze · 1 TL Paprikapulver, edelsüß · 1 TL frisch gemahlener Pfeffer · 2 EL Fischsauce
2 EL helle Sojasauce · 1 EL dunkle Sojasauce · 50 g Bambussprossen (aus der Dose) · 2 EL Zucker · 3 EL Essig
1 TL Sambal Oelek · 1 l Wasser · 1 gestrichener EL Stärkemehl · 20 Wachteleier (aus dem Glas) · 1 Ei

1. Das Hähnchenfleisch in feine Streifen schneiden. Morcheln und Glasnudeln 5 bis 10 Minuten in lauwarmem Wasser einweichen. Die Korianderzweige waschen, trockentupfen, die Blättchen abzupfen und zerkleinern. Die Wurzeln abschneiden und putzen. Knoblauch schälen, mit einem breiten Messer flachdrücken, dann in kleine Würfel schneiden.

2. Hähnchenfleisch, Morcheln, Würzpulver, Paprika, Pfeffer, Fischsauce, Sojasauce, Korianderwurzeln, Bambussprossen, Zucker, Essig und Sambal Oelek mit dem Wasser zum Kochen bringen. Einmal aufwallen lassen.

3. Das Stärkemehl mit etwas kaltem Wasser anrühren und unter die Suppe mischen. Glasnudeln und Wachteleier dazugeben und in der Suppe erwärmen.

4. Das Ei verquirlen und unter die Suppe rühren. Die Korianderwurzeln entfernen und die Suppe mit Korianderblättchen garnieren.

HÜHNERSUPPE MIT GALGANTWURZEL UND KOKOSMILCH

Tom Kha Gai

Für 4 Personen · Vorbereitungszeit: 20 Minuten · Zubereitungszeit: 10 Minuten

250 g Hähnchenbrustfleisch · 1 Stück Galgant (4 bis 5 cm) · 4 Zitronengrasstengel
150 g Champignons, frisch oder aus dem Glas · 8 Korianderzweige · 2 frische Chilischoten · 5 Zitronenblätter
400 ml Kokosmilch · 1 TL Salz · 1 EL Fischsauce · 4 cl Limettensaft · 2 TL Zucker

1. Das Hähnchenfleisch in mundgerechte Stücke schneiden.

2. Den Galgant putzen, 4 dünne Scheiben abschneiden und den Rest leicht flachklopfen. Das Zitronengras in 5 cm große Stücke schneiden und ebenfalls flachklopfen. Die Champignons putzen bzw. abgießen. Die Korianderzweige waschen, trockentupfen und die Blätter abzupfen. Chilischoten waschen, Stielansätze entfernen und die Schoten leicht quetschen. Bei zu starkem Quetschen wird das Aroma der Suppe durch die Schärfe beeinträchtigt.

3. Alle Zutaten bis auf das Hähnchenfleisch, 100 ml Kokosmilch, Koriander, Galgantscheiben und 2 Zitronenblätter in einem Topf zum Kochen bringen. Hähnchenfleisch dazugeben und kurz aufkochen. Die restliche Kokosmilch bei niedriger Hitze unterrühren.

4. Die aufbewahrten Zitronenblätter halbieren und mit den Galgantscheiben auf die Suppenschalen verteilen. Die Suppe darübergeben und mit dem Koriander bestreut servieren.

HÜHNERSUPPE MIT EINGELEGTEN LIMETTEN

Gai-Dun Manaudong

Für 4 Personen · Vorbereitungszeit: 15 Minuten · Zubereitungszeit: 70 Minuten

1 Suppenhuhn · Salz · 1 TL gemahlener weißer Pfeffer · 4 Tongku-Pilze · 2 Frühlingszwiebeln

3 Korianderzweige mit Wurzeln · 200 ml Pflanzenöl · 1 l Wasser · 1 TL Zucker · 10 schwarze Pfefferkörner

2 eingelegte Limetten (aus dem Glas) · 1 EL Marinade von den eingelegten Limetten · 2 EL helle Sojasauce

2 EL Fischsauce · 2 EL Cognac

1. Das Suppenhuhn in vier Teile zerlegen, mit Salz und Pfeffer würzen.

2. Tongku-Pilze etwa 5 Minuten in lauwarmem Wasser einweichen, anschließend halbieren. Die Frühlingszwiebeln waschen, putzen und in 3 cm lange Streifen schneiden. Korianderzweige waschen, trockentupfen, die Blättchen abzupfen und zerkleinern. Die Wurzeln putzen und kleinschneiden.

3. Das Öl in einem großen Topf erhitzen und die Hühnerstücke darin anbraten. Mit dem Wasser aufgießen. Zucker, Pilze, Pfefferkörner, Korianderwurzeln, eingelegte Limetten, Limettenmarinade, Soja- und Fischsauce dazugeben und bei mittlerer Hitze etwa 1 Stunde garen lassen. Gegen Ende der Garzeit die Frühlingszwiebeln dazugeben.

4. Das Hühnerfleisch von den Knochen lösen, in kleine Stücke schneiden und in Suppenschalen anrichten.

5. Die Brühe mit Korianderblättchen und Cognac abschmecken und darübergießen.

> **N · I · T · A · Y · A**
> *Wenn man eine klare Brühe haben möchte, muß zwischendurch der Schaum abgeschöpft werden.*

SAURE HÜHNERSUPPE MIT KRÄUTERN

Tom Yam Gai

Für 4 Personen · Vorbereitungszeit: 10 Minuten · Zubereitungszeit: 20 Minuten

500 g Hähnchenbrustfilet · 100 g Champignons (aus der Dose) · 1 Stück Galgant (4 bis 5 cm) · 2 Zitronengrasstengel · 3 Korianderzweige · 5 Zitronenblätter · 2 frische Chilischoten · 2 EL Fischsauce · 4 EL Limettensaft

2 EL Nam Prik Phau (Rezept Seite 36) · 2 TL Zucker · 2 TL gekörnte Fleisch- oder Hühnerbrühe

1. Hähnchenbrustfilet in mundgerechte Stücke schneiden. Die Champignons abtropfen lassen. Galgant und Zitronengras waschen und flachklopfen. Korianderzweige waschen, trockentupfen und die Blätter abzupfen.

2. In einem Topf 1 Liter Wasser zum Kochen bringen. Alle Zutaten außer Fleisch, Koriander, ein kleines Stück Zitronengras und 2 Zitronenblättern zugeben und ca. 4 Minuten kochen lassen. Säuerlich abschmecken.

3. Die restlichen Zitronenblätter halbieren, Zitronengras quetschen und in Fasern zerteilen. Auf Suppenschalen verteilen.

4. Fleisch 1 Minute in der Brühe garen, auf die Schalen verteilen und mit Koriander garnieren.

HÄHNCHEN UND THAI-KÜRBIS IN KOKOSMILCH

Tom Kati Faktong Thai Sai Gai

Für 4 Personen · Vorbereitungszeit: 20 Minuten · Zubereitungszeit: 20 Minuten (Foto: Seite 50)

200 g Hähnchenbrustfleisch · 300 g Thai-Kürbis · 2 weiße Basilikumzweige (Bai Manglak) · 3 Schalotten
400 ml Kokosmilch · 2 EL Fischsauce · 1 Prise Salz · 1 TL Zucker

1. Die Hähnchenbrust in 3 cm lange Streifen schneiden. Den Kürbis schälen, Kerne entfernen und das Fruchtfleisch in 2 bis 3 cm große Würfel schneiden. Die Basilikumzweige waschen, trockentupfen und die Blätter zerkleinern. Die Schalotten schälen und in kleine Würfel schneiden.

2. Die Hälfte der Kokosmilch erwärmen. Die Schalotten dazugeben und 3 Minuten in der Milch kochen. Den Kürbis zufügen und weitere 8 Minuten kochen lassen. Der Kürbis soll so weich wie gare Salzkartoffeln sein.

3. Dann das Hähnchenfleisch dazugeben und nur ganz kurz, etwa 1 Minute, in der Milch ziehen lassen.

4. Restliche Kokosmilch dazugießen und noch einmal kurz aufkochen lassen. Mit Fischsauce, Salz und Zucker abschmecken. Mit Basilikum bestreut servieren.

HÜHNERSUPPE MIT BITTERGURKE UND PILZEN

Dun Mara Hed Hom

Für 4 Personen · Vorbereitungszeit: 20 Minuten · Zubereitungszeit: 40 Minuten

10 Tongku-Pilze · 1 Bittergurke · 2 Korianderzweige · 2 Knoblauchzehen · 3 bis 4 Korianderwurzeln · 1 l Wasser
1 Prise Salz · 4 Hähnchenschenkel · 3 EL helle Sojasauce · ½ TL frisch gemahlener Pfeffer

1. Die Tongku-Pilze 5 Minuten in lauwarmem Wasser einweichen. Abgießen und die Stiele der Pilze entfernen.

2. Die Bittergurke halbieren, entkernen und in etwa 3 cm lange Streifen schneiden. Die Korianderzweige waschen, trockentupfen, die Blättchen abzupfen und zerkleinern. Die Korianderwurzeln gründlich waschen und putzen.

3. Knoblauchzehen schälen und zusammen mit den Korianderwurzeln im Mörser zerstoßen.

4. Wasser zum Kochen bringen, Salz und die Hähnchenschenkel dazugeben und etwa 20 Minuten bei mittlerer Hitze kochen lassen.

5. Sojasauce, Pfeffer, Bittergurken und Pilze dazugeben und bei niedriger Temperatur noch etwa 10 bis 15 Minuten leise köcheln lassen.

6. Vor dem Servieren mit Korianderblättchen bestreuen.

> **N·I·T·A·Y·A**
> *Bittergurke schmeckt nicht nur gut, sie ist auch ein gutes Heilmittel gegen Halsschmerzen und Fieber.*

SCHARFSAURE REISNUDELSUPPE MIT HÄHNCHENFLEISCH

Guytiau Nam Gai

Für 4 Personen · Vorbereitungszeit: 30 Minuten · Zubereitungszeit: 10 Minuten (Foto: Seite 53)

200 g Hähnchenbrustfleisch · 100 g mittelgroße Reisnudeln · 3 Knoblauchzehen · 3 EL Pflanzenöl

½ Kopf Eissalat · 2 Selleriestangen mit Grün · 1 Frühlingszwiebel · 2 Thai-Korianderzweige

2 europäischer Korianderzweige · ½ l Hühnerbrühe · 3 EL Essig · 1 EL Zucker · 4 EL Fischsauce

1 EL dunkle Sojasauce · 2 Sternanis · 1 EL eingelegter Rettich (aus dem Glas) · 50 g Sojabohnensprossen

½ TL gemahlener Pfeffer

1. Das Hähnchenfleisch in feine Streifen schneiden. Die Reisnudeln in lauwarmem Wasser etwa 10 Minuten einweichen. Dann in 10 cm lange Stücke schneiden, in einem Sieb abtropfen lassen.

2. Die Knoblauchzehen schälen, mit einem breiten Messer flachdrücken, dann in kleine Würfel schneiden. Öl in einer kleinen Pfanne erhitzen und den Knoblauch darin goldgelb anbraten.

3. Den Eissalat zerpflücken, waschen, abtropfen lassen und in mundgerechte Stücke teilen. Die Selleriestangen waschen und putzen. Stangen und Blätter separat kleinschneiden. Die Frühlingszwiebel putzen und in feine Ringe schneiden. Die Korianderzweige waschen, trockentupfen, die Blättchen abzupfen und fein hacken.

4. Die Reisnudeln kurz in kochendes Wasser tauchen, in einem Sieb abtropfen lassen.

5. Die Hühnerbrühe erhitzen. Essig, Zucker, Fischsauce, Sojasauce, Sternanis, eingelegten Rettich und die kleingeschnittene Selleriestange dazugeben. Kurz aufkochen lassen.

6. Das Hähnchenfleisch dazugeben und den Topf vom Herd nehmen. Etwa 2 bis 3 Minuten durchziehen lassen.

7. Die Reisnudeln mit Eissalat, Koriander, Frühlingszwiebeln, Sellerieblättern und Sojabohnensprossen in vier Suppenschalen anrichten und mit der heißen Hühnerbrühe übergießen. Mit gedünstetem Knoblauch und Pfeffer abschmecken.

> **N · I · T · A · Y · A**
> *Nach einem anstrengenden Tag macht dieses scharfsaure Thai-Süppchen Müde wieder munter. Es eignet sich auch als Zwischengericht in einem heimischen Menü.*

SCHARF SAURE GLASNUDELSUPPE MIT HÄHNCHENFLEISCH

Geang Jued Wunsen

Für 4 Personen · Vorbereitungszeit: 30 Minuten · Zubereitungszeit: 20 Minuten

6 bis 8 getrocknete Morcheln · 80 g Glasnudeln · 2 Frühlingszwiebeln · 1 Korianderzweig

100 g Hähnchenbrustfleisch · 50 g junge Karotten · 1 Ei · 2 TL gekörnte Fleisch- oder Hühnerbrühe

2 EL Fischsauce · 2 EL Weinessig · 2 TL Zucker · 2 TL Stärkemehl · 50 g Bambussprossen

1. Morcheln mehrmals gründlich waschen, dann in lauwarmem Wasser mindestens 20 Minuten einweichen. Stielenden entfernen und die Morcheln zerteilen.

2. Die Glasnudeln etwa 5 Minuten in lauwarmem Wasser einweichen, dann abgießen und am besten mit einer Schere in mundgerechte Stücke schneiden.

3. Die Frühlingszwiebeln waschen und in feine Streifen schneiden. Den Korianderzweig waschen, trockentupfen und die Blätter abzupfen. Das Hähnchenfleisch in kleine Würfel schneiden. Die Karotten putzen und fein schneiden. Das Ei in einer Tasse verquirlen.

4. Etwa 1 Liter Wasser in einem Topf zum Kochen bringen und die gekörnte Brühe darin auflösen. Alle Zutaten außer Ei, Stärkemehl und Frühlingszwiebeln dazugeben und zum Kochen bringen. Säuerlich abschmecken.

5. Das Stärkemehl mit etwas kaltem Wasser verrühren und unter die Suppe mischen. Solange unter Rühren köcheln lassen, bis sie leicht andickt. Das verquirlte Ei dazugeben und etwa ½ Minute miterwärmen.

6. Die Suppe auf vier Suppentassen verteilen und mit den Frühlingszwiebeln und dem Koriander garniert servieren.

HÜHNERSUPPE MIT BANANENBLÜTEN

Tom Yam Hua Prie

Für 4 Personen · Vorbereitungszeit: 20 Minuten · Zubereitungszeit: 20 Minuten (Foto: Seite 55)

3 Zitronengrasstengel · 5 bis 6 Zitronenblätter · 1 Bananenblüte · 2 Korianderzweige · 400 g Hähnchenbrustfleisch · 800 ml Kokosmilch · 5 bis 6 dünne Scheiben Galgant · 3 EL Fischsauce · 3 EL Limettensaft

1. Zitronengras und -blätter waschen. Das Zitronengras im Mörser zerstoßen und in etwa 5 cm lange Stücke schneiden. Die Bananenblüte waschen, in Viertel schneiden und diese in etwa 2 cm breite Streifen schneiden. Korianderzweige waschen, trockentupfen und die Blättchen abzupfen.

Das Hähnchenfleisch in mundgerechte Stücke schneiden.

2. Die Kokosmilch zum Kochen bringen. Zitronengras, -blätter und Galgant darin 5 bis 7 Minuten kochen lassen.

3. Die Bananenblütenstreifen dazugeben, kurz verrühren und etwa 10 Minuten kochen lassen.

4. Das Hähnchenfleisch dazugeben und noch 2 bis 3 Minuten kochen lassen.

5. Mit Fischsauce und Limettensaft abschmecken. Vor dem Servieren mit Koriander bestreuen.

GEMISCHTE FLEISCHSUPPE MIT RETTICH

Gäng Ihud-Ruamit

Für 4 Personen · Vorbereitungszeit: 20 Minuten · Zubereitungszeit: 15 Minuten

100 g Hähnchenbrustfleisch · 80 g Tintenfisch (Sepia) · 80 g mittelgroße rohe, geschälte Scampi

4 Tongku-Pilze · 1 mittelgroßer Rettich · 2 Selleriestangen mit Grün · 2 Frühlingszwiebeln

2 Thai-Korianderzweige mit Wurzeln · 3 Knoblauchzehen · 3 EL Pflanzenöl · 1 l Wasser

1 TL gekörnte Fleischbrühe · 3 EL helle Sojasauce · 3 EL Fischsauce

1. Das Hähnchenfleisch in feine Streifen schneiden. Den Tintenfisch in kleine Stücke schneiden, die Scampi halbieren.

2. Die Pilze 5 Minuten in lauwarmem Wasser einweichen, anschließend abgießen und halbieren. Den Rettich schälen und in kleine Würfel schneiden. Sellerie und Frühlingszwiebeln waschen, putzen und in 3 cm lange Streifen schneiden. Korianderzweige waschen, trockentupfen, die Blättchen abzupfen und zerkleinern. Die Wurzeln putzen.

3. Die Knoblauchzehen schälen, mit einem breiten Messer flachdrücken, dann in kleine Würfel schneiden. Das Öl in einer kleinen Pfanne erhitzen und den Knoblauch darin leicht bräunen. Beiseite stellen.

4. Das Wasser zum Kochen bringen. Gekörnte Brühe, Rettich, Pilze, Korianderwurzeln, Sellerie, Sojasauce und Fischsauce dazugeben und 3 Minuten auf kleiner Stufe kochen lassen. Den sich bildenden Schaum abschöpfen.

5. Hähnchenfleisch, Tintenfisch und Scampi dazugeben. Kurz aufkochen lassen. Mit Knoblauch und Korianderblättern abschmecken.

SUKIJAKI NACH CHINESISCHER ART

Sukijaki Kepchin

Für 4 Personen · Vorbereitungszeit: 20 Minuten · Zubereitungszeit: 20 Minuten

150 g Hähnchenbrustfleisch · 150 g Rindfleisch (aus der Hüfte) · 2 EL Cognac · 2 EL Sesamöl · 2 Eier

1 mittelgroßer Chinakohl · 2 Selleriestangen mit Grün · 50 g junger Blattspinat · 3 Frühlingszwiebeln

50 g Glasnudeln · 1 l Wasser · 1 TL frisch gemahlener weißer Pfeffer · 2 TL gekörnte Fleischbrühe

2 EL Fischsauce · 2 EL helle Sojasauce · 1 EL gehackter, eingelegter chinesischer Knoblauch

1. Hähnchen- und Rindfleisch in feine Streifen schneiden.

2. Hähnchen- und Rindfleisch für 10 Minuten in Cognac und Sesamöl einlegen, anschließend mit den verquirlten Eiern vermischen.

3. Chinakohl waschen, putzen und in 2 bis 3 cm lange Streifen schneiden. Sellerie waschen, putzen und zerkleinern. Den Spinat waschen und verlesen. Die Frühlingszwiebeln waschen, putzen und in etwa 3 cm lange Streifen schneiden. Die Glasnudeln 5 Minuten in lauwarmem Wasser einweichen.

4. Das Wasser zum Kochen bringen. Chinakohl, Spinat, Sellerie, Pfeffer, gekörnte Brühe, Fischsauce und Sojasauce dazugeben und kurz aufkochen lassen.

5. Fleisch mit Eiern und Nudeln dazugeben, kurz aufkochen lassen. Mit Knoblauch abschmecken.

GEDÄMPFTE RINDFLEISCHSUPPE

Nua-Dun

Für 4 Personen · Vorbereitungszeit: 20 Minuten · Zubereitungszeit: 2 Stunden 15 Minuten

1 große Zwiebel · 1 Stück Galgant · 2 Selleriestangen · 3 Korianderzweige mit Wurzeln · 1 Tomate
500 g Rindfleisch (aus der Schulter) · 1 Zimtstange · 1 Sternanis · ½ l Wasser · 1 TL frisch gemahlener weißer
Pfeffer · 2 TL gekörnte Brühe · 2 EL helle Sojasauce · 3 EL dunkle Sojasauce · ½ Kopf Eissalat
3 Knoblauchzehen · 3 EL Pflanzenöl · 50 g frische Sojabohnensprossen

1. Die Zwiebel schälen und in kleine Stücke schneiden. Galgant putzen und in feine Scheiben schneiden. Die Selleriestangen waschen und in mundgerechte Stücke schneiden. Die Korianderzweige waschen, trockentupfen, die Blättchen abzupfen und die Wurzeln abtrennen. Die Tomate waschen, Stielansatz entfernen und grob zerkleinern.
2. Das Rindfleisch mit Zwiebel, Tomate, Zimtstange, Sternanis, Galgant, Korianderwurzel und Sellerie in eine Schüssel geben, mit dem Wasser aufgießen und die Schüssel in einem Dämpftopf setzen. Bei kleiner Hitze 2 Stunden garen.

3. Gedämpftes Rindfleisch aus der Brühe nehmen und in mundgerechte Stücke schneiden. Die Brühe mit weißem Pfeffer, gekörnter Brühe und Sojasauce abschmecken. Eissalat waschen, putzen und die Blätter in feine Streifen schneiden.
4. Das Rindfleisch in der Brühe kurz erhitzen.
5. Die Knoblauchzehen schälen, mit einem breiten Messer flachdrücken, dann in kleine Würfel schneiden. Öl in einer kleinen Pfanne erhitzen und den Knoblauch darin kurz anbraten. Die Brühe damit abschmecken.

6. Den Eissalat und die Sojabohnensprossen auf vier Suppenschalen verteilen und mit der heißen Suppe übergießen. Mit Korianderblättchen abschmecken.

> ### N · I · T · A · Y · A
> *Man kann dazu noch separat ein Schälchen mit Reisnudeln servieren. Bei Tisch kann dann jeder seine Suppe nach Belieben damit anreichern.*

SPARERIBSSUPPE MIT ZITRONENGRAS UND GLASNUDELN

Tom Yam Wunsen

Für 4 Personen · Vorbereitungszeit: 20 Minuten · Zubereitungszeit: 30 Minuten (Foto: Seite 58)

500 g Spareribs · 100 g Glasnudeln · 2 Zitronengrasstengel · 4 bis 5 Zitronenblätter · 2 Korianderzweige

1 l Wasser · 4 bis 5 dünne Scheiben Galgant · 2 EL Nam Prik Phau (Rezept Seite 36)

3 EL Fischsauce · 4 EL Limettensaft

1. Spareribs waschen, trockentupfen und in kleine Stücke hacken. Die Glasnudeln etwa 10 Minuten in lauwarmem Wasser einweichen, dann abtropfen lassen. Glasnudeln und Zitronengras in etwa 5 cm lange Stücke schneiden. Das Zitronengras zerstoßen. Die Zitronenblätter waschen. Korianderzweige waschen, trockentupfen und die Blättchen abzupfen.

2. Das Wasser zum Kochen bringen und die Spareribs darin etwa 10 Minuten kochen lassen. Zitronengras, Galgant und Zitronenblätter dazugeben und 2 bis 3 Minuten aufkochen. Nam Prik Phau, Fischsauce und Limettensaft dazugeben, gut vermischen und die Suppe abschmecken.

3. Zum Schluß die Glasnudeln dazugeben und noch einmal kurz aufkochen. Vor dem Servieren mit dem Koriander bestreuen.

KALBSLEBERSUPPE

Gau Lau Tap Woa

Für 4 Personen · Vorbereitungszeit: 20 Minuten · Zubereitungszeit: 20 Minuten

250 g Kalbsleber · 100 g Sojabohnensprossen · ½ Kopf Eissalat · 1 Selleriestange mit Grün

2 Frühlingszwiebeln · 3 Korianderzweige · 3 Knoblauchzehen · 1 TL Pflanzenöl · 1 l Rindfleischbrühe

2 EL Fischsauce · 3 EL helle Sojasauce · 1 EL dunkle Sojasauce · 1 EL eingelegter Rettich (aus dem Glas)

1 Prise weißer Pfeffer · 3 EL Essig · 3 TL Zucker · 2 Sternanis

1. Die Leber waschen, trockentupfen und in mundgerechte Stücke schneiden. Die Sojabohnensprossen waschen und in einem Sieb abtropfen lassen. Eissalat zerpflücken, waschen, abtropfen lassen und in Streifen schneiden. Selleriestange und Frühlingszwiebeln waschen, putzen und in kleine Stücke schneiden. Korianderzweige waschen, trockentupfen und die Blättchen abzupfen.

2. Die Knoblauchzehen schälen, mit einem breiten Messer flachdrücken und in kleine Würfel schneiden. Das Öl in einer kleinen Pfanne erhitzen und den Knoblauch darin kurz anbraten.

3. Die Brühe in einem großen Topf erhitzen. Fisch- und Sojasaucen, Rettich, Pfeffer, Essig, Zucker, Sternanis und den gebratenen Knoblauch dazugeben. Einige Minuten köcheln lassen.

4. Leber und Gemüse dazugeben, kurz aufkochen lassen, dann den Topf vom Herd nehmen und die Suppe noch 2 bis 3 Minuten durchziehen lassen.

5. Die Korianderblättchen darüberstreuen und servieren.

GEMÜSE & EIER

Thailändische Märkte sind wahre Orgien von Farbe und Vielfalt. Sämtliche Gemüsearten sind verlockend ausgelegt, wie von einem Künstler drapiert. Angesichts dieses paradiesischen Angebots wird klar, wie wichtig Gemüse in der Thai-Küche ist. Es muß nur frisch sein und mit der gleichen Sorgfalt wie vergleichsweise teurere Zutaten wie Fisch, Meeresfrüchte oder Fleisch behandelt werden. Und das heißt: Niemals übergaren! Verkochtes Gemüse, durch überlange Garzeiten regelrecht »hingerichtet«, kennt die Thai-Küche nicht. Das Gemüse wird kurz im Wok angebraten. Durch die intensive Hitze an der Wokwand werden die Schnittstellen sofort versiegelt. So bleibt das Gemüse knackig und saftig. Die Thais kombinieren gern verschiedene Gemüsesorten zu einem größeren Hauptgericht. Dabei spielen auch Hühnereier eine große Rolle, ob gekocht, gebraten oder als Omelette. Man kombiniert sie zu allerlei Beilagen, beispielsweise zu Garnelen und Zucchini oder zu Kohl. Ein Genuß für Augen und Gaumen.

GEDÜNSTETES GEMÜSE

Pat Pak

Für 4 Personen · Vorbereitungszeit: 20 Minuten · Zubereitungszeit: 10 Minuten

800 g gemischtes Gemüse nach Wahl und Jahreszeit (auf jeden Fall Frühlingszwiebeln und Sojabohnensprossen)

4 Knoblauchzehen · 6 bis 8 EL Sonnenblumenöl · 4 EL Austernsauce · 2 EL Fischsauce · 1 EL helle Sojasauce

1 Prise frisch gemahlener schwarzer Pfeffer

1. Das Gemüse waschen, putzen und in mundgerechte Stücke schneiden.

2. Die Knoblauchzehen schälen, mit einem breiten Messer flachdrücken und in kleine Würfel schneiden. Das Öl im Wok erhitzen und den Knoblauch darin andünsten.

3. Alle Gemüsesorten, außer Frühlingszwiebeln und Sojabohnensprossen, dazugeben und bei großer Hitze unter Rühren 1 bis 2 Minuten dünsten.

4. Austernsauce, Fischsauce und Sojasauce dazugeben. Alles gut verrühren und das Gemüse zugedeckt ½ Minute dünsten.

5. Die Sojabohnensprossen und Frühlingszwiebeln kurz vor dem Servieren dazugeben, alles vermischen und mit dem Pfeffer abschmecken.

> **N · I · T · A · Y · A**
> *Als Gemüse eignen sich für dieses Gericht z. B. Lauch, Chinakohl, Brokkoli, Karotten, grüne und rote Paprikaschoten, Gurken, Zucchini, Tomaten, Champignons, kleine Maiskölbchen, Zuckererbsen grüne Bohnen und Bambussprossen aus der Dose.*

AUSTERNPILZE MIT CHILISCHOTEN

Nam Prik Hed

Für 4 Personen · Vorbereitungszeit: 30 Minuten · Zubereitungszeit: 10 Minuten

200 g Austernpilze · 8 bis 10 rote und grüne Chilischoten · 3 bis 4 Knoblauchzehen

2 EL Fischsauce · ½ TL Zucker · 2 EL Limettensaft

1. Die Austernpilze gründlich waschen und abtropfen lassen. Chilischoten waschen und Stielansätze entfernen. Die Knoblauchzehen schälen.

2. Pilze, Chilischoten und die Knoblauchzehen 5 Minuten bei 180 Grad im Backofen grillen.

3. Gegrillte Pilze fein hacken. Chilischoten und Knoblauch im Mörser zerstoßen.

4. Pilze, Chilischoten und Knoblauch miteinander vermischen. Fischsauce, Zucker und Limettensaft dazugeben, gut verrühren und abschmecken.

> **N · I · T · A · Y · A**
> *Die Austernpilze eignen sich als Beilage zu frischem Gemüse und gebratenem Schweinefleisch. Statt der Austernpilze kann man auch Champignons verwenden.*

SPINAT MIT EINGELEGTEN GELBEN BOHNEN

Pad Pakkom

Für 4 Personen · Vorbereitungszeit: 15 Minuten · Zubereitungszeit: 5 Minuten

400 g junger Blattspinat · 6 EL getrocknete Krabben · 3 Knoblauchzehen · 6 EL Pflanzenöl

1 bis 2 EL eingelegte gelbe Bohnen (aus dem Glas) · 1 TL Zucker · 1 EL Fischsauce

1. Den Spinat gründlich waschen und in einem Sieb abtropfen lassen. Mit den getrockneten Krabben vermischen. Die Knoblauchzehen schälen, mit einem breiten Messer flachdrücken und in kleine Würfel schneiden.

2. Das Öl in einem Topf erhitzen und den Knoblauch darin andünsten. Spinat mit Krabben, gelbe Bohnen und Zucker dazugeben und unter Rühren kurz anbraten.
3. Mit Fischsauce abschmecken. Sofort servieren!

> **N · I · T · A · Y · A**
> *Ein überaus interessantes und schmackhaftes Gericht. Wenn kein frischer Spinat angeboten wird, können Sie auch Tiefkühlware verwenden.*

GEFÜLLTE KOKOSNUSS MIT REIS UND KRABBEN

Kao Ob Mapraw Nam Hoam

Für 4 Personen · Vorbereitungszeit: 20 Minuten · Zubereitungszeit: 30 Minuten

1 junge Kokosnuß · 100 g Schinkenspeck · 2 Knoblauchzehen · 2 EL Pflanzenöl · 100 g rohe, geschälte Krabben

100 g gekochter Reis · 1 EL Erbsen · 1 EL Tomatensauce oder Ketchup · 1 EL Fischsauce · ½ EL Zucker

½ TL frisch gemahlener Pfeffer

1. Mit einer Säge oder einem scharfen Sägemesser den Kopf der Kokosnuß abschneiden und das Kokosnußwasser in eine Schüssel gießen. (Das Kokosnußwasser als Getränk verwenden.) Das Fleisch aus dem Kokosnußdeckel herauslösen und fein raspeln.
2. Den Schinkenspeck in kleine Würfel schneiden. Die Knoblauchzehen schälen, mit einem breiten Messer flachdrücken und in kleine Würfel schneiden. Den Backofen auf 180 Grad vorheizen.

3. Öl in einer Pfanne erhitzen und den Knoblauch darin bei mittlerer Hitze andünsten. Krabben, Speck und das geraspelte Kokosfleisch dazugeben und kurz mit anbraten.
4. Reis und Erbsen dazugeben und alles gut vermischen. Mit Tomatensauce oder Ketchup, Fischsauce, Zucker und Pfeffer gut verrühren und abschmecken.
5. Den Reis in die Kokosnuß füllen, Kokosnußdeckel darauflegen und im Backofen etwa 20 Minuten backen.

> **N · I · T · A · Y · A**
> *Am besten eignet sich Reis, der vorgekocht und einen Tag alt ist. Dieser Reis hat eine trockenere Konsistenz und wird bei nochmaligem Kochen nicht zu pampig.*

GEMÜSE MIT SCHARFER SAUCE

Nam Prik Krabi

Für 4 Personen · Vorbereitungszeit: 40 Minuten · Zubereitungszeit: 10 Minuten (Foto: Seite 64)

800 g Gemüse nach Wahl und Jahreszeit (z. B. Auberginen, grüne Bohnen, Kohl) · 2 EL Garnelenpaste

6 Knoblauchzehen · 10 rote und grüne Chilischoten · 2 EL Fischsauce · 3 EL Limettensaft · 1 EL Palmzucker

etwas heißes Wasser oder Gemüsebrühe

1. Das Gemüse waschen, putzen und in mundgerechte Stücke schneiden.

2. Garnelenpaste auf ein Stück Alufolie streichen und auf der heißen Herdplatte rösten, bis die Paste stark duftet.

3. Die Knoblauchzehen schälen, die Chilischoten waschen und die Stielansätze entfernen. Chilischoten und Knoblauch im Mörser zerstoßen.

4. Die geröstete Garnelenpaste dazugeben und alles gut vermischen.

5. Fischsauce, Limettensaft und Palmzucker dazugeben und verrühren. Zum Schluß mit etwas heißem Wasser oder Gemüsebrühe verdünnen.

6. Das Gemüse entweder roh oder kurz gedünstet in Schalen anrichten. Die Sauce separat dazu reichen.

> N · I · T · A · Y · A
> *Zu dem Gericht passen sehr gut Omeletts oder gegrillter Fisch.*

GEBRATENER EINGELEGTER KOHL MIT EIERN

Pad Pak Gad Dong

Für 4 Personen · Vorbereitungszeit: 20 Minuten · Zubereitungszeit: 10 Minuten

400 g eingelegter Kohl (Pak Gad Dong) · 2 große Zwiebeln · 3 Knoblauchzehen · 4 Eier

5 EL Pflanzenöl · 1 EL Fischsauce · 2 EL Zucker · 1 Prise frisch gemahlener Pfeffer

1. Den eingelegten Kohl gründlich waschen und in feine Streifen schneiden. Zwiebeln und Knoblauchzehen schälen. Zwiebeln in dünne Streifen schneiden, den Knoblauch mit einem breiten Messer flachdrücken, dann fein hacken. Die Eier in einer kleinen Schüssel mit der Gabel verquirlen.

2. Das Öl in einer Pfanne erhitzen und den Knoblauch darin bei mittlerer Hitze andünsten.

3. Den Kohl dazugeben und 2 bis 3 Minuten anbraten. Die Zwiebeln hinzufügen und ebenfalls kurz anbraten.

4. Die Eier dazugeben und alles gut vermischen. Mit Fischsauce, Zucker und Pfeffer abschmecken.

> N · I · T · A · Y · A
> *Man kann dem Gericht auch Fleisch hinzufügen.*

GEMÜSE MIT PIKANTER SAUCE

Nam Prik Aong

Für 4 Personen · Vorbereitungszeit: 30 Minuten · Zubereitungszeit: 20 bis 30 Minuten (Foto: Seite 67)

800 g Gemüse nach Wahl und Jahreszeit (z. B. Weißkohl, Chinakohl und Bohnen zum Dünsten oder Kopfsalat, Gurke und Chinakohl zum Rohessen) · 5 getrocknete Chilischoten · 1 Zitronengrasstengel · 4 Schalotten
3 Knoblauchzehen · 1 EL Garnelenpaste · 100 ml Pflanzenöl · 200 g Rinderhackfleisch · 200 g Kirschtomaten
2 EL Fischsauce · 2 EL Zucker · 2 EL Tamarindenmus oder Limettensaft

1. Gemüse waschen, putzen und in mundgerechte Stücke schneiden. Die Chilischoten in Wasser einweichen, abtropfen lassen und entkernen. Zitronengras waschen und in feine Streifen schneiden. Schalotten und Knoblauchzehen schälen und mit Chilischoten, Zitronengras und Garnelenpaste im Mörser zerstoßen.

2. Das Öl in einer Pfanne erhitzen und die Chilimischung darin bei mittlerer Hitze andünsten.
3. Das Hackfleisch dazugeben und unterrühren. Dann die Kirschtomaten hinzufügen und etwas einkochen lassen. Mit Fischsauce, Zucker und Tamarinden- oder Limettensaft abschmecken.

4. Das Gemüse nach Belieben roh oder kurz gedünstet anrichten. Die Sauce dazu reichen.

> **N · I · T · A · Y · A**
> *Durch die Tomaten bekommt die Sauce einen leicht säuerlichen Geschmack, der sehr gut zum Gemüse paßt.*

GEBRATENE ZUCCHINI MIT EIERN UND GARNELEN

Buab Pad Kai

Für 4 Personen · Vorbereitungszeit: 25 Minuten · Zubereitungszeit: 10 Minuten

200 g rohe, ungeschälte Garnelen · 2 bis 3 große Zucchini · 2 bis 3 Knoblauchzehen
4 bis 5 EL Pflanzenöl · 3 Eier · 100 ml Hühnerbrühe · 2 EL Fischsauce

1. Garnelen waschen, schälen und die Därme entfernen. Die Zucchini waschen, halbieren und in ca. 1 cm dicke Scheiben schneiden. Knoblauchzehen schälen, mit einem breiten Messer flachdrücken und in kleine Würfel schneiden.

2. Das Öl in einer Pfanne erhitzen und den Knoblauch darin bei mittlerer Hitze goldbraun anbraten.
3. Die Garnelen dazugeben und kurz mitanbraten. Die Eier in einer kleinen Schüssel mit einer Gabel verquirlen. Eier und

Zucchini zu den Garnelen in die Pfanne geben und mit Hühnerbrühe aufgießen. 2 bis 3 Minuten aufkochen lassen.
4. Mit Fischsauce abschmecken und servieren.

GEBRATENER KÜRBIS MIT EIERN

Pad Faktong

Für 4 Personen · Vorbereitungszeit: 20 Minuten · Zubereitungszeit: 20 Minuten

500 g Kürbis · 1 Zwiebel · 4 bis 5 EL Pflanzenöl · 200 g Schweinehackfleisch · 3 Eier

¼ TL Zucker · ½ TL Salz · 1 TL helle Sojasauce · frisch gemahlener Pfeffer

1. Den Kürbis schälen und das Fruchtfleisch in kleine Stücke schneiden. Die Zwiebel schälen und in kleine Würfel schneiden.
2. Das Öl in einer Pfanne erhitzen und die Zwiebel darin bei mittlerer Hitze goldbraun anbraten.

3. Das Hackfleisch dazugeben und ebenfalls kurz anbraten. Die Eier in einer kleinen Schüssel mit einer Gabel verquirlen und unter das Hackfleisch mischen.
4. Kürbis dazugeben, gut vermischen und etwa 5 Minuten unter gelegentlichem Rühren braten.

5. Mit Zucker, Salz und Sojasauce abschmecken. Vor dem Servieren etwas Pfeffer darübermahlen.

GEFÜLLTE OMELETTS

Kai Ho

Für 4 Personen · Vorbereitungszeit: 15 Minuten · Zubereitungszeit: 30 Minuten (Foto: Seite 69)

150 g Frühlingsknoblauch · 150 g Frühlingszwiebeln · 5 Eier · 150 g Schweinehackfleisch

150 g feingehacktes Garnelenfleisch · 2 EL Fischsauce · 1 EL helle Sojasauce · frisch gemahlener Pfeffer

100 ml Pflanzenöl · einige Schnittlauchstengel

1. Frühlingsknoblauch und Frühlingszwiebeln waschen, putzen und in etwa 1 cm dicke Ringe schneiden. Die Eier in einer großen Schüssel verquirlen.

2. Frühlingsknoblauch, Frühlingszwiebeln, Schweinefleisch und Garnelenfleisch miteinander vermischen. Mit Fischsauce, Sojasauce und Pfeffer abschmecken.

3. Etwas Öl in einer Pfanne erhitzen. Ein Viertel der verquirlten Eier in die Pfanne geben und diese schwenken, bis sich die Eimasse gleichmäßig auf dem Pfannenboden verteilt hat. Goldbraun braten, wenden und die zweite Seite des Omeletts ebenfalls goldbraun braten. Die drei anderen Omeletts genauso zubereiten. Warm stellen.

4. Das restliche Öl in der Pfanne erhitzen und die Füllung darin unter Rühren kurz braten.

5. Die Füllung auf die vier Omeletts verteilen. Die Omeletts mit Schnittlauch wie kleine Säckchen zubinden. Auf vorgewärmten Tellern anrichten.

6. Den Bratenfond mit etwas Wasser loskochen und über die Omeletts träufeln.

OMELETTS MIT MUSCHELFLEISCH

Hoy Toad

Für 4 Personen · Vorbereitungszeit: 15 Minuten · Zubereitungszeit: 15 Minuten

5 Knoblauchzehen · 2 Frühlingszwiebeln · 2 Korianderzweige · 4 Eier · 5 EL Reismehl · 1 EL Fischsauce

2 EL helle Sojasauce · 5 EL Pflanzenöl · 300 g frisches Muschelfleisch · 300 g Sojabohnensprossen

5 EL Chilisauce Prik Siracha (Fertigprodukt) · frisch gemahlener Pfeffer

1. Die Knoblauchzehen schälen, mit einem breiten Messer flachdrücken und in kleine Würfel schneiden. Die Frühlingszwiebeln waschen, putzen und in feine Ringe schneiden. Die Korianderzweige waschen, trockentupfen, die Blättchen abzupfen und zerkleinern.

2. Die Eier mit dem Mehl gut verquirlen. Mit Fischsauce, Sojasauce und Knoblauch würzen.

3. Eine Pfanne mit Öl einpinseln. Jeweils eine kleine Schöpfkelle Teig und ein Viertel von dem Muschelfleisch in die Pfanne geben. Auf einer Seite rasch goldbraun braten.

4. Sojabohnensprossen und Frühlingszwiebeln daraufstreuen, das Omelett wenden und auch die zweite Seite goldbraun braten.

5. Vor dem Servieren mit Koriander garnieren und mit Chilisauce und Pfeffer nachwürzen.

GEDÄMPFTE EIER MIT KREBSFLEISCH

Kai Dun

Für 4 Personen · Vorbereitungszeit: 15 Minuten · Zubereitungszeit: 30 Minuten

5 Eier · 6 Knoblauchzehen · 2 Frühlingszwiebeln · 2 Korianderzweige · 3 bis 4 EL Pflanzenöl

200 g gegartes, feingehacktes Krebsfleisch · 1 EL Fischsauce · 2 EL helle Sojasauce · 100 ml Milch

½ TL frisch gemahlener Pfeffer

1. Eier in einer großen feuerfesten Schüssel verquirlen. Die Knoblauchzehen schälen, mit einem breiten Messer flachdrücken und fein hacken. Frühlingszwiebeln waschen, putzen und in feine Ringe schneiden. Die Korianderzweige waschen, trockentupfen, die Blättchen abzupfen und zerkleinern.

2. Das Öl in einer Pfanne erhitzen und den Knoblauch darin bei mittlerer Hitze goldbraun anbraten. Den Knoblauch aus der Pfanne nehmen und beiseite stellen.

3. Krebsfleisch, Fischsauce, Sojasauce, Milch und Pfeffer zu den Eiern geben und 3 bis 5 Minuten schaumig schlagen.

4. Die Schüssel mit der Mischung in einen mit genügend Wasser gefüllten Dämpftopf setzen und ca. 15 bis 20 Minuten bei starker Hitze dämpfen.

5. Vor dem Servieren mit Knoblauch und Koriander bestreuen.

REIS & NUDELN

Reis ist in Thailand mehr als nur ein Lebensmittel. Reis bestimmt den Lebensrhythmus; er hat auch so etwas wie eine kultische Bedeutung, vergleichbar mit der des Brotes in Frankreich oder Deutschland. Die traditionellen Zeitabschnitte wurden in gute und schlechte Reisjahre eingeteilt. Die bäuerliche Kultur, die Feste und Riten wurden und werden durch den Reisanbau bestimmt. Der thailändische Reis gilt als der beste der Welt. Im Durchschnitt ißt jeder Thai etwa ein Pfund Reis pro Tag. Es gibt ihn zu jeder Tages- und Nachtzeit. Dabei wird ausschließlich geschälter, polierter Reis verwendet. Im Norden und Osten Thailands formt man Klebreis zu kleinen Bällchen, die in verschiedene Saucen getunkt werden, im Süden und Westen des Landes wird der Langkornreis bevorzugt. Auch Nudeln aus Reis- oder Mungobohnenmehl (Glasnudeln) sind eine beliebte Beigabe. Sie sind luftig und schmecken leicht und mild wie Reis.

GEBRATENE REISNUDELN MIT MEERESFRÜCHTEN UND BASILIKUM

Guytiau Pad Khi Mau

Für 4 Personen · Vorbereitungszeit: 30 Minuten · Zubereitungszeit: 20 Minuten (Foto: Seite 73)

200 g dünne Reisnudeln · 100 g rohe, ungeschälte Garnelen · 100 g Tintenfisch · 1 große Zwiebel
6 rote und grüne Peperoni · 3 Basilikumzweige (Bai Kaprau) · 3 bis 4 Knoblauchzehen · 3 EL Pflanzenöl
100 g Muschelfleisch · 2 EL Austernsauce · 2 EL Fischsauce

1. Die Reisnudeln 10 Minuten in lauwarmem Wasser einweichen. Abgießen und am besten mit der Schere in etwa 5 cm lange Stücke schneiden.

2. Die Garnelen waschen, aus der Schale lösen und die Därme entfernen. Den Tintenfisch gründlich waschen und in Streifen schneiden.

3. Zwiebel schälen, Peperoni waschen, die Stielansätze entfernen. Zwiebel und Peperoni in feine Streifen schneiden. Basilikumzweige waschen, trockentupfen, die Blätter abzupfen und mit den Händen grob zerkleinern. Die Knoblauchzehen schälen, mit einem breiten Messer flachdrücken und in feine Würfel schneiden.

4. Das Öl im Wok erhitzen und den Knoblauch darin bei mittlerer Hitze andünsten. Meeresfrüchte dazugeben und umrühren. Mit Austernsauce und Fischsauce abschmecken.

5. Die abgetropften Reisnudeln dazugeben und unter Rühren 2 bis 3 Minuten mitbraten.

6. Zum Schluß Peperoni, Zwiebel und Basilikum dazugeben. Alles gut vermischen und weitere 2 bis 3 Minuten garen.

> ### N·I·T·A·Y·A
> *Die Schärfe des Gerichts gab diesem seinen Namen. Wörtlich übersetzt bedeutet Guytiau Pad Khi Mau: „Macht Betrunkene wieder nüchtern". Das Gericht empfiehlt sich somit hervorragend nach einer ausgiebigen Weinprobe oder anderweitigem Alkoholgenuß.*

REISNUDELN MIT KRABBEN UND SOJABOHNENSPROSSEN

Guytiau Sen Jei Pad Gung Häng

Für 4 Personen · Vorbereitungszeit: 25 Minuten · Zubereitungszeit: 10 Minuten

350 g breite Reisnudeln · 2 Frühlingszwiebeln · 100 g Sojabohnensprossen · 3 Thai-Selleriestangen (oder europäischer Staudensellerie) · 2 Thai-Korianderzweige · 4 Knoblauchzehen · 50 g gesalzene Erdnüsse 6 EL Pflanzenöl · 50 g getrocknete Krabben · 2 Eier · 4 EL helle Sojasauce · 3 EL Essig · 2 EL Zucker 2 EL Austernsauce · 3 EL eingelegter Rettich (aus dem Glas) · 1 TL frisch gemahlener weißer Pfeffer

1. Nudeln 10 Minuten in Wasser einweichen. Abgießen und in 10 cm lange Stücke schneiden. Gemüse und Kräuter waschen. Die Frühlingszwiebeln in 4 cm lange Streifen schneiden. Den Sellerie in große Stücke schneiden. Von den Korianderzweigen die Blättchen abzupfen und grob zerkleinern. Knoblauchzehen in kleine Würfel schneiden, die Erdnüsse grob hacken.

2. Öl im Wok erhitzen und die Krabben darin anbraten. Herausnehmen und den Knoblauch kurz anbraten. Eier verquirlen und unterrühren, die Hitze reduzieren und die Nudeln untermischen.

3. Sojasauce, Essig, Zucker, Austernsauce, Rettich und Pfeffer unter Rühren dazugeben.

4. Mit etwas Wasser aufgießen, dann Sojabohnensprossen, Sellerie, Erdnüsse und Krabben untermischen. Mit Korianderblättchen und Frühlingszwiebeln bestreuen.

REISNUDELN MIT GARNELEN, PILZEN UND BAMBUSSPROSSEN

Mhi Rad Na

Für 4 Personen · Vorbereitungszeit: 30 Minuten · Zubereitungszeit: 15 Minuten

250 g Reisnudeln · 8 bis 10 Tongku-Pilze · 200 g rohe, ungeschälte Garnelen · 100 g Spargel · 100 g Hähnchenbrustfleisch · 6 EL Pflanzenöl · 100 g Maiskölbchen · 100 g Bambussprossen (aus der Dose) · 500 ml Hühnerbrühe · 1 EL eingelegte gelbe Bohnen · 2 EL Fischsauce · 4 EL Maismehl · frisch gemahlener Pfeffer

1. Die Nudeln in Wasser 10 Minuten einweichen. Abgießen und in 10 cm lange Stücke schneiden. Pilze 20 Minuten in lauwarmem Wasser einweichen. Abgießen und die Stiele entfernen.

2. Garnelen waschen, schälen und die Därme entfernen. Spargel schälen und in 5 cm lange Stücke schneiden. Hähnchenfleisch in mundgerechte Stücke schneiden.

3. In einer Pfanne 3 EL Öl erhitzen, die Nudeln darin bei mittlerer Hitze anbraten, dann auf vier Teller verteilen.

4. Restliches Öl erhitzen und Garnelen und Hähnchenfleisch darin anbraten.

5. Pilze, Maiskölbchen, Bambussprossen und Spargel dazugeben und kurz anbraten. Mit der Brühe aufgießen. Mit den Bohnen und der Fischsauce abschmecken.

6. Maismehl mit etwas kaltem Wasser vermischen und unterrühren. 2 bis 3 Minuten kochen lassen. Mit Pfeffer würzen.

GEBRATENE REISNUDELN MIT GEMÜSE

Guytiau Pad Thai

Für 4 Personen · Vorbereitungszeit: 20 Minuten · Zubereitungszeit: 10 Minuten

250 g Reisnudeln · 200 g Tofu · 2 Korianderzweige · 200 g Sojabohnensprossen · 2 Frühlingszwiebeln

100 g Erdnüsse · 4 Knoblauchzehen · 4 Eier · 5 bis 7 EL Sonnenblumenöl · 2 EL Essig · 3 bis 4 EL Fischsauce

1 TL Zucker · 1 Prise frisch gemahlener weißer Pfeffer · Saft von ¼ Limette

1. Die Reisnudeln in lauwarmem Wasser 10 Minuten einweichen. Abseihen und in 10 cm lange Stücke schneiden.

2. Den Tofu in etwa 3 bis 4 cm große Würfel schneiden. Die Korianderzweige waschen, trockentupfen und die Blättchen abzupfen. Die Sojabohnensprossen waschen, die Frühlingszwiebeln putzen und in 2 bis 3 cm lange Stücke schneiden. Die Erdnüsse im Mörser grob zerstoßen oder in der Küchenmaschine zerkleinern.

3. Die Knoblauchzehen schälen, mit einem breiten Messer flachdrücken und in kleine Würfel schneiden. Die Eier in einer kleinen Schüssel verquirlen. Das Öl im Wok erhitzen und Knoblauch und Eier darin kurz anbraten.

4. Den Tofu dazugeben, 1 Minute gut durchrühren. Die Reisnudeln dazugeben und weitere 2 Minuten verrühren. Essig, Fischsauce, Zucker und Pfeffer untermischen. Zum Schluß Sojabohnensprossen, Frühlingszwiebeln und Erdnüsse dazugeben und kurz mitbraten.

5. Vor dem Servieren mit dem Limettensaft beträufeln, einmal kurz durchmischen und mit Korianderblättchen bestreuen.

REISNUDELN MIT BROKKOLI UND EIERN

Pad Si-Juw

Für 4 Personen · Vorbereitungszeit: 30 Minuten · Zubereitungszeit: 15 Minuten

250 g Reisnudeln · 200 g Thai-Brokkoliblätter · 200 g Rindfleisch (aus der Hüfte)

3 Knoblauchzehen · 5 EL Pflanzenöl · 1 EL eingelegte gelbe Bohnen

3 Eier · 2 EL dunkle Sojasauce · 2 EL Fischsauce · 1 EL Zucker · frisch gemahlener Pfeffer

1. Die Reisnudeln in lauwarmem Wasser 10 Minuten einweichen. Abseihen und in etwa 10 cm lange Stücke schneiden.

2. Die Brokkoliblätter waschen und in etwa 4 bis 5 cm lange Streifen schneiden. Das Rindfleisch in feine Streifen schneiden. Knoblauchzehen schälen, mit einem breiten Messer flachdrücken und in kleine Würfel schneiden.

3. Das Öl im Wok erhitzen und den Knoblauch darin bei mittlerer Hitze kurz andünsten. Eingelegte Bohnen und Rindfleisch dazugeben und unter Rühren kurz anbraten.

4. Die Reisnudeln dazugeben, alles vermischen und mit etwas Wasser ablöschen. Brokkoli hinzufügen und vermischen.

5. Die Eier in einer kleinen Schüssel verquirlen und unterrühren. Mit Sojasauce, Fischsauce, Zucker und Pfeffer abschmecken.

REISNUDELN MIT FRISCHEM THAI-BASILIKUM

Guytiau Senyai-Horapa

Für 4 Personen · Vorbereitungszeit: 20 Minuten · Zubereitungszeit: 10 Minuten (Foto: Seite 76)

200 g breite Reisnudeln · 4 Knoblauchzehen · 4 Schalotten · 4 rote und grüne Chilischoten

2 Basilikumzweige (Bai Horapa) · 250 g Rinderfilet · 4 EL Pflanzenöl · 1 Prise Salz · 2 EL Austernsauce

2 EL Fischsauce · 1 EL Zucker · 1 EL Essig · 1 TL gekörnte Brühe

1. Die Reisnudeln 10 Minuten in lauwarmem Wasser einweichen. Abgießen und in 10 bis 15 cm lange Stücke schneiden.

2. Knoblauchzehen und Schalotten schälen, die Chilischoten waschen und die Stielansätze entfernen. Alles zusammen im Mörser zerstoßen oder in der Küchenmaschine zerkleinern.

3. Die Basilikumzweige waschen, trockentupfen, Blätter abzupfen und grob zerkleinern. Das Fleisch in feine Streifen schneiden.

4. Das Öl im Wok erhitzen und die Knoblauchmischung darin unter Rühren anbraten, bis sie intensiv zu duften beginnt.

5. Fleisch und Salz dazugeben und unter Rühren gut anbraten.

6. Die Reisnudeln untermischen. Austernsauce, Fischsauce, Zucker, Essig, die gekörnte Brühe und etwas Wasser dazugeben und 1 Minute lang unter Rühren erhitzen.

7. Basilikum kurz unterrühren. Die Nudeln sofort servieren.

FEINE REISNUDELN MIT SOJABOHNENSPROSSEN

Sen Mi Pad Tuanog

Für 4 Personen · Vorbereitungszeit: 20 Minuten · Zubereitungszeit: 15 Minuten

200 g dünne Reisnudeln · 3 Tongku-Pilze · 100 g Sojabohnensprossen · 100 g Champignons

2 Thai-Selleriestangen · 1 Thai-Korianderzweig · 1 Karotte · 3 Knoblauchzehen · 3 EL Pflanzenöl

1 EL Fischsauce · 2 EL Austernsauce · 1 TL Zucker · 1 TL frisch · gemahlener weißer Pfeffer · 2 Eier

1 EL feingehackter, eingelegter Rettich (aus dem Glas) · 1 EL Sesamöl · Saft von 1 Limette

1. Reisnudeln und Tongku-Pilze separat jeweils 5 Minuten in lauwarmem Wasser einweichen.

2. Gemüse und Kräuter waschen oder putzen. Die Champignons in Scheiben schneiden. Den Sellerie in grobe Stücke schneiden. Die Blättchen der Korianderzweige abzupfen und grob zerkleinern. Die Karotte in Scheiben

schneiden. Die Knoblauchzehen schälen, mit einem breiten Messer flachdrücken und in kleine Würfel schneiden.

3. Das Pflanzenöl im Wok erhitzen und den Knoblauch darin kurz anbraten. Die Pilze dazugeben und ebenfalls kurz anbraten. Fischsauce, Austernsauce, Zucker und Pfeffer unterrühren.

4. Eier verquirlen und unter Rühren in den Wok geben. Nudeln, Karotte, Champignons und Rettich untermischen.

5. Sojabohnensprossen, Sellerie, Sesamöl und Korianderblättchen bei mittlerer Hitze unter Rühren dazugeben. Mit Limettensaft abschmecken.

GEBRATENE REISNUDELN MIT RINDFLEISCH UND PAPRIKA

Guytiau Nua Pad Prik

Für 4 Personen · Vorbereitungszeit: 1 ¹/₂ Stunden · Zubereitungszeit: 15 Minuten

200 g Rinderfilet · 2 EL helle Sojasauce · 1 EL trockener Sherry · ½ EL Maismehl · 1 grüne Paprikaschote

2 rote Peperoni · 200 g Reisnudeln (etwa 1,5 cm breit) · 3 Knoblauchzehen · 4 EL Pflanzenöl

4 bis 5 dünne Ingwerscheiben · 2 EL dunkle Sojasauce · 1 EL Zucker

1. Das Rinderfilet in feine Streifen schneiden. Helle Sojasauce, Sherry und Maismehl verrühren und das Fleisch darin mindestens 1 Stunde ziehen lassen.

2. Paprika und Peperoni waschen, Stielansätze und Samenstränge entfernen und in kleine Würfel schneiden.

3. Reisnudeln 10 Minuten in lauwarmem Wasser einweichen. Abgießen und in 5 cm lange Stücke schneiden.

4. Den Knoblauch schälen, flachdrücken und in kleine Würfel schneiden. Das Öl in einer Pfanne erhitzen und den Knoblauch darin bei mittlerer Hitze anbraten.

5. Das Fleisch dazugeben und kurz anbraten. Paprika, Peperoni und Ingwer dazugeben, alles gut vermischen und unter Rühren 2 bis 3 Minuten braten.

6. Mit dunkler Sojasauce und Zucker abschmecken. Die Reisnudeln untermischen und weitere 2 bis 3 Minuten braten.

REISNUDELN MIT RINDFLEISCH

Guytiau Nua Häng

Für 4 Personen · Vorbereitungszeit: 20 Minuten · Zubereitungszeit: 15 Minuten

200 g Reisnudeln · 300 g Rinderfilet · Salz · 1 EL Cognac · 3 Knoblauchzehen · 2 Frühlingszwiebeln

2 Thai-Selleriestangen · 2 Thai-Korianderzweige · 3 EL Pflanzenöl · 2 EL Fischsauce · 1 EL Austernsauce

2 EL helle Sojasauce · 1 EL Limettensaft · 1 EL Zucker · 1 TL Universal-Feinwürze

1 TL weißer Pfeffer · 50 g Sojabohnensprossen

1. Die Reisnudeln 10 Minuten in lauwarmem Wasser einweichen. Abgießen und in etwa 5 cm lange Stücke schneiden. Das Rinderfilet in feine Streifen schneiden, salzen und mit Cognac marinieren.

2. Die Knoblauchzehen schälen, mit einem breiten Messer flachdrücken und in kleine Würfel schneiden. Frühlingszwiebeln und Sellerie waschen, putzen und in Streifen schneiden. Die Korianderzweige waschen, trockentupfen, die Blättchen abzupfen und grob zerkleinern.

3. Öl in einer Pfanne erhitzen und den Knoblauch darin kurz anbraten. Das Fleisch dazugeben, kurz braten, dann aus der Pfanne nehmen und beiseite stellen.

4. Fischsauce, Austernsauce, Sojasauce, Limettensaft und Zucker im heißen Öl verrühren. Etwas Wasser dazugeben und die Reisnudeln bei kleiner Hitze kurz darin anbraten.

5. Rindfleisch, Knoblauch und alle übrigen Zutaten untermischen. Mit Fischsauce, Limettensaft und Zucker nachwürzen.

CHINESISCHE GELBE NUDELN MIT SPECK

Bamie Gab Mugrob

Für 4 Personen · Vorbereitungszeit: 20 Minuten · Zubereitungszeit: 15 Minuten

250 g gelbe Nudeln (Bamie) · Salz · 150 g durchwachsenen rohen Speck · 2 Tongku-Pilze · 3 Knoblauchzehen

3 Thai-Selleriestangen · ½ Chinakohl · 3 Thai-Korianderzweige · 3 EL Pflanzenöl · 3 EL helle Sojasauce

1 EL eingelegter Rettich (aus dem Glas) · 1 TL frisch gemahlener weißer Pfeffer · 1 EL Essig

1 EL Zucker · 150 g geschälte Grönlandshrimps

1. Die Nudeln in Salzwasser al dente garen. Den Speck in kleine Würfel schneiden. Pilze 5 Minuten in lauwarmem Wasser einweichen, abgießen und in Streifen schneiden.

2. Knoblauch schälen, mit einem breiten Messer flachdrücken und in kleine Würfel schneiden. Den Sellerie waschen, putzen und in große Stücke schneiden. Chinakohl waschen, in mundgerechte Stücke schneiden. Die Korianderzweige waschen, trockentupfen, die Blättchen abzupfen und grob zerkleinern.

3. Das Öl im Wok erhitzen und den Speck darin knusprig braten. Aus dem Wok nehmen und beiseite stellen.

4. Den Knoblauch im Wok kurz anbraten, dann unter Führen nach und nach Nudeln, Chinakohl, Sellerie und Pilze untermischen. Sojasauce, Rettich, Pfeffer, Essig und Zucker dazugeben und bei kleiner Hitze alles gut verrühren.

5. Die Shrimps unterrühren. Mit Koriander und Speck bestreuen.

GLASNUDELN MIT GEMÜSE UND GEWÜRZEN

Pad Wunsen Son Kruang

Für 4 Personen · Vorbereitungszeit: 30 Minuten · Zubereitungszeit: 10 Minuten

400 g Glasnudeln · 10 getrocknete Morcheln · 4 getrocknete Tongku-Pilze · 1 Selleriestange · 1 Lauchstange

1 mittelgroße Karotte · 2 Frühlingszwiebeln · 4 Knoblauchzehen · 4 bis 6 EL Sonnenblumenöl

200 g Sojabohnensprossen · 2 EL helle Sojasauce · 1 EL dunkle Sojasauce · 3 bis 4 EL Fischsauce

1 TL Zucker · 1 Prise frisch gemahlener weißer Pfeffer

1. Glasnudeln in lauwarmem Wasser 5 Minuten einweichen. Abgießen und in etwa 10 cm lange Stücke schneiden. Morcheln und Pilze separat in lauwarmem Wasser 15 Minuten einweichen, dann abgießen und grob zerteilen.

2. Gemüse waschen und putzen. Sellerie längs halbieren und in 3 cm lange Stücke schneiden. Lauch und Karotte in feine Streifen schneiden. Frühlingszwiebeln in 3 cm lange Stücke schneiden. Knoblauch schälen, flachdrücken und in kleine Würfel schneiden.

3. Öl im Wok erhitzen. Knoblauch und Pilze andünsten. Karotte, Morcheln, Sellerie, Lauch und Nudeln dazugeben und mitbraten.

4. Sojabohnensprossen unterrühren. Mit Soja- und Fischsauce, Zucker und Pfeffer abschmecken. Mit Frühlingszwiebeln bestreuen.

SCHARFE GLASNUDELN MIT ZITRONENGRAS UND ZITRONENBLÄTTERN

Wunsen Bai Magrud

Für 4 Personen · Vorbereitungszeit: 20 Minuten · Zubereitungszeit: 15 Minuten (Foto: Seite 80)

80 g Glasnudeln · 400 g rohe, ungeschälte Scampi (ohne Kopf) · 1 Stück Galgant (etwa 10 cm)

1 Zitronengrasstengel · 3 Zitronenblätter · 2 Thai-Korianderzweige · 3 Schalotten · 4 Knoblauchzehen

2 getrocknete Peperoni · 250 ml Fleischbrühe · 3 EL Fischsauce · 4 EL Limettensaft · 1 EL Zucker

1. Die Glasnudeln 5 Minuten in lauwarmem Wasser einweichen. Mit einer Schere in 10 bis 15 cm lange Stücke schneiden und in einem Sieb abtropfen lassen.
2. Die Scampi waschen, schälen, halbieren und die Därme entfernen.
3. Galgant und Zitronengras putzen und leicht quetschen, bis das Aroma wahrnehmbar wird. Die Zitronenblätter waschen, trockentupfen und grob zerkleinern. Korianderzweige waschen, trockentupfen, die Blättchen abzupfen und ebenfalls grob zerkleinern. Die Schalotten und den Knoblauch schälen.

4. Schalotten, Knoblauch und getrocknete Peperoni im Wok trocken rösten, bis alles intensiv duftet. Aus dem Wok nehmen und im Mörser leicht zerstoßen.
5. Die Fleischbrühe im Wok erhitzen. Außer Scampi, Glasnudeln und Koriander alle Zutaten in den Wok geben und 1 Minute kochen lassen.
6. Glasnudeln und Scampi dazugeben und 1 bis 2 Minuten kochen lassen. Mit Koriander abschmecken.

N·I·T·A·Y·A

Ein leichtes und erfrischendes Gericht für heiße Sommertage. Da man Schärfe in dieser Jahreszeit sehr gut verträgt, können Sie, je nach Geschmack, noch gehackte Chilischoten über den Salat streuen.

GEFÜLLTER KLEBREIS

Kao Neow Sod Sai

Für 4 Personen · Vorbereitungszeit: 10 Stunden · Zubereitungszeit: 30 Minuten (Foto: Seite 83)

150 g Klebreis · 100 g rohe, ungeschälte Garnelen · 2 Frühlingszwiebeln · 5 Wasserkastanien (aus der Dose)

150 g Schweinehackfleisch · 1 Ei · 1 EL Kartoffelmehl · 2 EL Fischsauce · frisch gemahlener Pfeffer

etwas Pflanzenöl für den Dämpftopf

1. Den Klebreis etwa 8 bis 10 Stunden in lauwarmem Wasser einweichen, dann abgießen und etwa 20 Minuten im Dämpftopf garen.

2. Die Garnelen waschen, aus der Schale lösen und die Därme entfernen. Das Garnelenfleisch fein hacken. Die Frühlingszwiebeln waschen, putzen und in feine Ringe schneiden. Die Kastanien in kleine Stücke schneiden.

3. Alle Zutaten außer dem Reis gut miteinander vermischen.

4. Jeweils etwa 2 EL Reis abstechen und zu runden, flachen Kreisen formen. Jeweils 1 EL der Fleischmasse in die Mitte setzen und den Reis zu kleinen, gleichmäßigen Bällchen formen. Solange fortfahren, bis alle Zutaten aufgebraucht sind.

5. Den Einsatz des Dämpftopfes mit etwas Öl einreiben und die Reisbällchen hineinsetzen. Im Dämpftopf etwa 15 Minuten garen.

6. Mit Gemüse und Chilisauce servieren.

> **N · I · T · A · Y · A**
> *Als Beilage sind geschälte, rohe Gurkenscheiben oder Eissalatblätter eine gute Kombination.*

KLEBREIS MIT FRISCHEN KOKOSRASPELN

Kao Neow Huangog

Für 4 Personen · Vorbereitungszeit: 15 Minuten · Zubereitungszeit: 10 Minuten

100 g gedämpfter, noch lauwarmer Klebreis · 4 EL weiße Sesamsamen · 4 EL getrocknete Krabben

50 g Palmzucker· 100 g frische Kokosraspel · 1 Prise Salz

1. Den Klebreis in eine Schüssel geben. Die Sesamsamen in einer Pfanne trocken rösten und zu dem Reis geben.

2. Die Krabben ebenfalls in einer Pfanne trocken rösten und unter den Reis mischen.

3. Die restlichen Zutaten in die Schüssel geben und alles gründlich vermischen. Lauwarm als Zwischenmahlzeit servieren!

> **N · I · T · A · Y · A**
> *In Thailand wird dieses Gericht mit der Hand gegessen. Dazu die Fingerspitzen in etwas Öl tauchen, damit der Reis nicht kleben bleibt, und den Reis aus der Schüssel nehmen.*

FISCH &
MEERESFRÜCHTE

Beneidenswerte Thais. Flüsse, Seen, Kanäle und vor allem das Meer – der warme, nur bis zu 50 Meter tiefe Golf von Thailand – deckt ihnen jeden Tag üppig den Tisch. Die Vielfalt und der Überfluß an Fisch und Meeresfrüchten, an Garnelen, Krebsen, Krabben und Muscheln ist wahrhaft paradiesisch. Oft bedienen sich die Thais selbst. Überall wird gefischt: mit Angelruten, Netzen, Reusen, ja sogar mit Zäunen, die an manchen Flußläufen quer zum Strom aufgestellt werden. Auch in den trüben Klongs von Bangkok wird reichlich Beute gemacht. Selbst die überfluteten Reisfelder werden mehr und mehr für die Fischzucht genutzt. Fangfrischer Fisch und Meeresfrüchte sind die wichtigste Eiweißquelle der Thais. Das beliebteste Meerestier hat einen ähnlichen Namen wie das beliebteste Kartoffelgericht westlicher Kinder. Der köstliche Fisch, eine kleinere Barbenart, heißt Pomfret. Das ist dann aber auch die einzige Ähnlichkeit.

FORELLE MIT INGWER

Pla Tom Kem

Für 4 Personen · Vorbereitungszeit: 30 Minuten · Zubereitungszeit: 30 Minuten

2 große oder 4 kleine küchenfertige Forellen (insgesamt etwa 800 g) · 150 g Ingwerwurzel

3 Knoblauchzehen · 4 bis 5 Korianderwurzeln · 2 Korianderzweige · 5 bis 8 EL Pflanzenöl

2 EL eingelegte gelbe Bohnen (aus dem Glas) · ½ l Wasser · 2 EL Sojasauce

1. Die Forellen waschen, trockentupfen und die Haut auf beiden Seiten dreimal quer einschneiden.
2. Den Ingwer putzen und in kleine Würfel schneiden. Den Knoblauch schälen, mit einem breiten Messer flachdrücken und in kleine Würfel schneiden. Die Korianderwurzeln putzen und im Mörser zerstoßen. Die Korianderzweige waschen, trockentupfen und die Blättchen abzupfen.

3. Das Öl in einer großen Pfanne erhitzen. Die Forellen darin bei mittlerer Hitze auf beiden Seiten 8 bis 10 Minuten braten. Aus der Pfanne nehmen und warm stellen.
4. Knoblauch in der Pfanne kurz anbraten. Den Ingwer dazugeben und 4 bis 5 Minuten anbraten. Korianderwurzel und die Bohnen dazugeben, mit dem Wasser aufgießen. Kurz kochen lassen und mit der Sojasauce abschmecken.

5. Den Fisch dazugeben und etwa 10 Minuten in der Sauce ziehen lassen. Vor dem Servieren die Korianderwurzeln entfernen und die Korianderblättchen darüberstreuen.

> **N · I · T · A · Y · A**
> *Versuchen Sie dieses Rezept auch einmal mit Saiblingen oder einer Lachsforelle.*

DORSCHFILET MIT GEMÜSE

Pla Lad Prik

Für 4 Personen · Vorbereitungszeit: 20 Minuten · Zubereitungszeit: 15 Minuten

800 g Dorschfilet · Salz · 1 rote und grüne Peperoni · 4 Knoblauchzehen · 1 große Zwiebel · 4 Schalotten

6 bis 7 Zitronenblätter · 8 bis 10 EL Pflanzenöl · 2 bis 3 EL Fischsauce · 2 TL Zucker · ½ Tasse Wasser

1. Dorschfilet waschen, trockentupfen und salzen. Die Peperoni waschen und die Stielansätze entfernen. Knoblauch, Zwiebel und Schalotten schälen und mit den Peperoni fein hacken. Zitronenblätter waschen, trockentupfen, zusammenrollen und in feine Streifen schneiden.
2. 6 EL Öl in einem Topf erhitzen und Knoblauch, Zwiebel, Schalotten und Peperoni darin bei mittlerer Hitze anbraten. Fischsauce, Zucker und das Wasser dazugeben und bei kleiner Hitze aufkochen lassen.
3. Das restliche Öl in einer Pfanne erhitzen und das Dorschfilet darin von beiden Seiten etwa 6 Minuten braten. Mit Zitronenblättern garnieren und zum Gemüse servieren.

> **N · I · T · A · Y · A**
> *Als Beilage eignen sich sehr gut gebratene Frühlingszwiebeln oder kurz blanchierter Brokkoli, der mit etwas Sojasauce abgeschmeckt wurde.*

DORSCHFILET MIT INGWER

Pla Lad King

Für 4 Personen · Vorbereitungszeit: 25 Minuten · Zubereitungszeit: 20 Minuten

800 g Dorschfilet · Salz · 100 g Ingwerwurzel · 2 getrocknete Tongku-Pilze · 1 Frühlingszwiebel

1 rote Peperoni · 3 Knoblauchzehen · 8 bis 10 EL Pflanzenöl · 4 bis 5 Scheiben Speck · 2 TL dunkle Sojasauce

2 EL Fischsauce · 1 TL Zucker · 1 TL gekörnte Fleischbrühe · ½ Tasse Wasser

1. Dorschfilet waschen, trockentupfen und salzen. Den Ingwer putzen und in feine Scheiben schneiden. Die Pilze 10 Minuten in lauwarmem Wasser einweichen, dann in Streifen schneiden. Die Frühlingszwiebel waschen, putzen und in 2 bis 3 cm lange Stücke schneiden. Die Peperoni waschen, Stielansatz entfernen und in feine Ringe schneiden.

2. Die Knoblauchzehen schälen, mit einem breiten Messer flachdrücken und in kleine Würfel schneiden. Die Hälfte des Öls in einem großen Topf erhitzen und den Knoblauch darin anbraten.

3. Den Speck in kleine Würfel schneiden und zusammen mit dem Ingwer und den Pilzen dazugeben und kurz anbraten.

4. Sojasauce, Fischsauce, Zucker, gekörnte Brühe und das Wasser dazugeben und alles gut verrühren. Zum Schluß die Frühlingszwiebel und die Peperoni untermischen.

5. Restliches Öl in einer Pfanne erhitzen und das Dorschfilet darin von beiden Seiten je etwa 6 Minuten braten. Auf Tellern anrichten und mit der Sauce begießen.

DORSCHFILET MIT INGWER UND KOKOSSAUCE

Pla Tom King

Für 4 Personen · Vorbereitungszeit: 20 Minuten · Zubereitungszeit: 10 Minuten

400 g Dorschfilet · 100 g junge Ingwerwurzel · 5 Zitronenblätter · 3 Zitronengrasstengel

50 g Champignons · 1 Frühlingszwiebel · 1 Thai-Korianderzweig mit Wurzel · 3 Chilischoten

4 Knoblauchzehen · 250 ml Kokosmilch · Saft von 2 Limetten · 3 EL Zucker · 1 TL Salz

1. Dorschfilet waschen, trockentupfen und in mundgerechte Stücke schneiden. Ingwer putzen und in feine Scheiben schneiden. Zitronenblätter und -gras waschen. Die Blätter grob zerkleinern, das Gras in 4 cm lange Streifen schneiden. Champignons putzen und halbieren. Frühlingszwiebel waschen, putzen und in 4 cm lange Streifen schneiden.

2. Den Korianderzweig waschen, trockentupfen, die Wurzel abschneiden und putzen, die Blättchen abzupfen und grob zerkleinern.

3. Chilischoten waschen und die Stielansätze entfernen. Die Schoten im Mörser leicht zerstoßen. Knoblauchzehen schälen, mit einem breiten Messer flachdrücken, dann fein hacken.

4. Kokosmilch, Ingwer, Zitronenblätter und -gras, Limettensaft, Zucker, Salz, Champignons, Chilischoten, Korianderwurzel und Knoblauch im Wok kurz erhitzen.

5. Das Fischfilet dazugeben und etwa 2 Minuten darin garen. Die Korianderwurzel entfernen, die Frühlingszwiebel dazugeben und mit den Korianderblättchen abschmecken.

LACHSFILET MIT ZITRONENSAUCE UND BASILIKUM

Pla Lach-Sodmanaw Horapa

Für 4 Personen · Vorbereitungszeit: 20 Minuten · Zubereitungszeit: 10 Minuten (Foto: Seite 88)

600 g Lachsfilet · 1 Zitronengrasstengel · 2 rote Chilischoten · 4 Thai-Schalotten · 2 Knoblauchzehen

1 Basilikumzweig (Bai Horapa) · 50 g Champignons · 100 ml Wasser · 2 EL Fischsauce

2 TL gekörnte Brühe · 4 EL Limettensaft · 1 EL Palmzucker · 1 TL frisch gemahlener weißer Pfeffer

1. Lachsfilet waschen, trockentupfen und in vier gleichgroße Teile schneiden. Zitronengras waschen und in ca. 5 cm lange Stücke schneiden. Die Chilischoten waschen, Stielansätze entfernen. Schalotten und Knoblauchzehen schälen. Den Basilikumzweig waschen, trockentupfen, die Blätter abzupfen und mit den Fingern grob zerkleinern. Champignons putzen und in Scheiben schneiden.

2. Das Wasser mit Fischsauce, gekörnter Brühe, Limettensaft und Zucker im Wok erhitzen.

3. Zitronengras, Schalotten, Knoblauch und Chilischoten im Mörser leicht zerstoßen, mit dem Pfeffer in den Wok geben und ca. 1 Minute kochen lassen.

4. Champignons und Lachs dazugeben und 1 Minute garen lassen. Dann den Lachs wenden, noch einmal kurz durchziehen lassen und servieren.

BARSCHFILET MIT SELLERIE UND BOHNEN

Pla Pad Tan-Jiu

Für 4 Personen · Vorbereitungszeit: 35 Minuten · Zubereitungszeit: 20 Minuten

800 g Rotbarschfilet · 2 Frühlingszwiebeln · 2 bis 3 Selleriestangen · 1 Knoblauchzehe · 3 Schalotten

1 Korianderwurzel · 4 bis 6 EL Pflanzenöl · 1 EL eingelegte gelbe Bohnen (aus dem Glas)

2 EL helle Sojasauce · 1 EL Zucker

1. Das Rotbarschfilet waschen, trockentupfen und in vier gleichgroße Stücke schneiden. Die Frühlingszwiebeln und den Sellerie waschen, putzen und in 4 cm lange Streifen schneiden. Knoblauch und Schalotten schälen, die Korianderwurzel putzen und alles fein hacken.

2. Das Öl in einer Pfanne erhitzen und das Rotbarschfilet bei mittlerer Hitze darin goldbraun braten. Aus der Pfanne nehmen.

3. Knoblauch, Schalotten, Korianderwurzel und die eingelegten Bohnen in die Pfanne geben und kurz anbraten.

4. Sojasauce, Zucker und etwas Wasser unterrühren. Das Fischfilet wieder dazugeben und noch einmal 2 bis 3 Minuten aufkochen lassen. Frühlingszwiebeln und Sellerie untermischen und servieren.

> **N · I · T · A · Y · A**
> *Anstatt Rotbarsch können Sie auch Goldbarsch oder Seelachs verwenden. Die Garzeiten bleiben davon unberührt.*

GEBRATENES BARSCHFILET MIT SELLERIE

Pla Pad Künchai

Für 4 Personen · Vorbereitungszeit: 20 Minuten · Zubereitungszeit: 20 Minuten

800 g Barschfilet · 3 Frühlingszwiebeln · 3 bis 4 Thai-Selleriestangen · 3 Knoblauchzehen · 150 ml Pflanzenöl

2 EL Fischsauce · 2 EL helle Sojasauce · 1 Prise frisch gemahlener Pfeffer

1. Barschfilet waschen, trockentupfen und in etwa 5 cm lange Stücke schneiden. Frühlingszwiebeln und Sellerie waschen, putzen und in etwa 2 bis 3 cm lange Streifen schneiden. Knoblauchzehen schälen, mit einem breiten Messer flachdrücken, dann fein hacken.

2. Das Öl in einer Pfanne erhitzen und den Fisch darin bei mittlerer Hitze goldbraun braten.

Den Fisch aus der Pfanne nehmen und einen Großteil des Öls abgießen.

3. Im restlichen Öl den Knoblauch kurz anbraten. Frühlingszwiebeln, Sellerie, Fischsauce und Sojasauce dazugeben und mit wenig Wasser aufgießen. Alles gut verrühren.

4. Den Fisch dazugeben, kurz untermischen und mit Pfeffer abschmecken.

> **N · I · T · A · Y · A**
> *Gut geeignet für dieses Gericht ist der Viktoria-Barsch. Ein Süßwasserfisch von exzellenter Fleischqualität, der sich sehr gut braten läßt.*

SEEZUNGE MIT TAMARINDENSAUCE

Pla Jan Prachinburi

Für 4 Personen · Vorbereitungszeit: 15 Minuten · Zubereitungszeit: 10 Minuten (Foto: Seite 91)

800 g Seezungenfilet · Salz · 100 g Schalotten · 2 Thai-Korianderzweige · 3 Peperoni · 6 EL Pflanzenöl
100 ml Hühnerbrühe · 3 EL Palmzucker · 5 EL Tamarindenmus · 3 EL Fischsauce · 1 TL Stärkemehl

1. Den Fisch waschen, trocken-tupfen und mit Salz einreiben. Die Schalotten schälen und in feine Streifen schneiden. Die Korianderzweige waschen, trockentupfen, die Blättchen abzupfen und grob zerkleinern.
2. Die Peperoni in einer Pfanne trocken rösten. Herausnehmen und beiseite stellen.

3. Etwa 2 EL Öl in der Pfanne erhitzen und die Schalotten da-rin anbraten. Herausnehmen und beiseite stellen.
4. Die Brühe in der Pfanne er-hitzen, Zucker, Tamarindenmus und Fischsauce unterrühren. Stärkemehl mit etwas kaltem Wasser anrühren, dazugeben und kurz kochen lassen. In einen

kleinen Topf gießen und warm stellen.
5. Das restliche Öl in der Pfanne erhitzen und den Fisch darin von beiden Seiten goldbraun braten. Die Filets auf vier Tellern anrich-ten. Sauce, geröstete Peperoni, Koriander und Schalotten dar-übergeben und sofort servieren.

POMFRET MIT GEWÜRZEN

Pla Jarametkao

Für 4 Personen · Vorbereitungszeit: 30 Minuten · Zubereitungszeit: 15 Minuten

800 g küchenfertiger Pomfret · Salz · 1 kleines Stück Ingwerwurzel · 40 g fetter Speck · 2 getrocknete Tongku-Pilze
2 Frühlingszwiebeln · 1 rote Peperoni · 3 Knoblauchzehen · 2 Thai-Korianderzweige · 6 EL Pflanzenöl · 1 EL eingelegte gelbe Bohnen (aus dem Glas) · 2 EL Sesamöl · 2 EL helle Sojasauce · 100 ml Hühnerbrühe · 1 TL Stärkemehl

1. Den Fisch waschen, trocken-tupfen und salzen. Den Ingwer putzen und wie den Speck in kleine Würfel schneiden. Die Pilze 5 bis 10 Minuten in lau-warmem Wasser einweichen, abgießen und in dünne Streifen schneiden.
2. Frühlingszwiebeln waschen, putzen und in 3 cm lange Streifen schneiden. Die Peperoni waschen, halbieren, Kerne und Stielansatz entfernen und die Schote in klei-

ne Würfel schneiden. Knoblauch-zehen schälen und im Mörser zerstoßen. Die Korianderzweige waschen, trockentupfen, die Blättchen abzupfen und grob zerkleinern.
3. Etwa 3 EL Pflanzenöl in einer Pfanne erhitzen und Knoblauch und Speck darin kurz anbraten. Ingwer, Pilze, eingelegte Bohnen, Sesamöl, Sojasauce und Hühner-brühe dazugeben und unter Rüh-ren alles kurz aufkochen lassen.

Stärkemehl mit etwas kaltem Wasser vermischen und unter-rühren. Die Sauce bei niedriger Temperatur warm halten.
4. Das restliche Pflanzenöl in einem Wok erhitzen und den Fisch darin von beiden Seiten 4 bis 5 Minuten braten. Auf vier Tellern anrichten.
5. Die Sauce mit dem Koriander, Frühlingszwiebeln und Peperoni abschmecken und über den Fisch geben. Sofort servieren!

POMFRET MIT THAI-SCHALOTTEN UND BASILIKUM

Pad Khi Mau

Für 4 Personen · Vorbereitungszeit: 20 Minuten · Zubereitungszeit: 15 Minuten (Foto: Seite 93)

ca. 1 kg küchenfertiger Pomfret · 6 Knoblauchzehen · 4 Thai-Schalotten · 6 rote und grüne Chilischoten

Salz · 4 Basilikumzweige · ½ rote und grüne Paprikaschote · 8 bis 10 EL Pflanzenöl

2 EL Austernsauce · 2 EL helle Sojasauce · 1 EL Palmzucker

1. Den Fisch gründlich waschen und trockentupfen.

2. Knoblauch und Schalotten schälen, Chilischoten waschen und Stielansätze entfernen. Alles zusammen mit 1 Prise Salz im Mörser zerstoßen.

3. Die Basilikumzweige waschen, trockentupfen, die Blätter abzupfen und grob zerkleinern. Die Paprikaschoten waschen, Stielansatz und Samenstränge entfernen und die Schoten in mundgerechte Stücke schneiden.

4. Öl im Wok erhitzen. Den Fisch salzen und von beiden Seiten je nach Größe 3 bis 6 Minuten braten. Herausnehmen und auf vorgewärmten Tellern anrichten.

5. Die im Mörser zerkleinerten Zutaten mit wenig Öl im Wok anbraten. Paprikaschoten, Austernsauce, Sojasauce und Zucker dazugeben. Unter Rühren etwas Wasser dazugießen und einmal aufkochen lassen. Mit Basilikum abschmecken.

6. Die Sauce über den Fisch geben und sofort servieren.

N · I · T · A · Y · A

Beim Fischeinkauf sollten Sie unbedingt auf frische Ware achten. Wichtige Kriterien sind klare, pralle Augen und nicht verschleimte rote Kiemen. Die Pomfrets zählen zu den edelsten und teuersten Speisefischen, die sich durch ein festes, weißes Fleisch auszeichnen. Zu ersetzen am besten durch Seeteufel.

TINTENFISCH MIT KNOBLAUCH UND PFEFFER

Pla Muk Gatiam Prik Thai

Für 4 Personen · Vorbereitungszeit: 20 Minuten · Zubereitungszeit: 10 Minuten

600 g küchenfertiger Tintenfisch · 3 Frühlingszwiebeln · 2 Korianderzweige · 2 Knoblauchzehen
3 bis 4 EL Pflanzenöl · 2 EL Austernsauce · 2 EL Fischsauce · 1 TL gemahlener Koriander · 2 TL Knoblauchpulver
2 TL frisch gemahlener weißer Pfeffer · 2 EL Cognac oder Thai-Whisky

1. Tintenfisch waschen, trockentupfen und in 1 cm breite Ringe schneiden. Die Frühlingszwiebeln waschen, putzen und in 3 cm lange Streifen schneiden. Korianderzweige waschen, trockentupfen und die Blättchen abzupfen.
2. Die Knoblauchzehen schälen, mit einem breiten Messer flachdrücken, dann fein hacken. Das Öl in einer Pfanne erhitzen und den Knoblauch darin anbraten.

3. Die Tintenfischringe dazugeben, mit Austern- und Fischsauce, gemahlenem Koriander, Knoblauchpulver und Pfeffer würzen und 2 Minuten unter Rühren köcheln lassen.
4. Cognac und Frühlingszwiebeln dazugeben und mit wenig Wasser aufgießen. Alles gut miteinander vermischen. Mit dem Koriander garnieren und sofort servieren.

N·I·T·A·Y·A

Tintenfisch ist in Thailand sehr beliebt. Dank moderner Tiefkühltechnik bekommt man ihn heute fast überall zu kaufen. Der zarte Geschmack von Tintenfisch harmoniert hervorragend mit Knoblauch und Pfeffer.

TINTENFISCH MIT FRISCHEN PEPERONI UND BASILIKUM

Pla Mug Pad Prik Sod

Für 4 Personen · Vorbereitungszeit: 20 Minuten · Zubereitungszeit: 10 Minuten (Foto: Seite 95)

500 g küchenfertiger Tintenfisch · 100 g Champignons · 5 Zitronenblätter · 2 Basilikumzweige · 2 Schalotten
4 Knoblauchzehen · 1 rote und grüne Peperoni · 4 EL Pflanzenöl · 2 EL Austernsauce · 2 EL Fischsauce

1. Den Tintenfisch waschen, trockentupfen und in mundgerechte Stücke schneiden. Die Champignons putzen und halbieren. Zitronenblätter waschen, trockentupfen und grob zerkleinern. Die Basilikumzweige waschen, trockentupfen, die Blätter abzupfen und grob zerkleinern.

2. Schalotten und Knoblauchzehen schälen, von den Peperoni die Stielansätze entfernen. Alle drei Zutaten im Mörser grob zerstoßen oder in der Küchenmaschine grob zerkleinern.
3. Das Öl in einem Wok erhitzen und Schalotten, Knoblauch und Peperoni darin kurz anbraten.

4. Tintenfisch und Pilze dazugeben, mit Austernsauce und Fischsauce würzen und unter Rühren etwa 1 bis 2 Minuten erhitzen. Zwischendurch etwas Wasser dazugeben.
5. Mit Basilikum und Zitronenblättern abschmecken.

GESCHMORTE SCAMPI MIT AUSTERNSAUCE

Gungob Nam Man Hoi

Für 4 Personen · Vorbereitungszeit: 30 Minuten · Zubereitungszeit: 15 Minuten

800 g rohe, ungeschälte Scampi (ohne Kopf) · 50 g fetter Speck · 2 Frühlingszwiebeln · 20 g Ingwerwurzel
8 getrocknete Tongku-Pilze · 50 g Chinesische Mushrooms (aus der Dose) · 3 Thai-Korianderzweige · 2 Selleriestangen · 4 Knoblauchzehen · 2 EL Austernsauce · 2 EL Sesamöl · 1 EL weiße Pfefferkörner · 2 EL Fischsauce

1. Scampi am Rücken entlang aufschneiden, schälen und die Därme entfernen. Den Speck in feine Streifen schneiden. Frühlingszwiebeln waschen, putzen und in etwa 5 cm lange Streifen schneiden. Ingwer putzen und in feine Scheiben schneiden.
2. Die Tongku-Pilze 10 Minuten in lauwarmem Wasser einwei-chen. Abgießen, Stiele entfernen und die Kappen halbieren. Die Mushrooms halbieren.
3. Die Korianderzweige waschen, trockentupfen und die Blättchen abzupfen. Sellerie putzen und in Streifen schneiden. Knoblauch ungeschält im Mörser zerstoßen.
4. Alle Zutaten außer den Scampi gut vermischen. Den Boden eines hohen Topfes mit der Mischung bedecken. Dann abwechselnd Scampi und diese Mischung ein-schichten. Zum Schluß etwas Wasser darübergießen.
5. Im geschlossenen Topf zum Kochen bringen, einmal umrühren und weitere 2 Minuten zugedeckt kochen lassen. Sofort servieren!

SCAMPI MIT STROHPILZEN

Gung Tom Nam Prik Phau

Für 4 Personen · Vorbereitungszeit: 30 Minuten · Zubereitungszeit: 15 Minuten (Foto: Seite 97)

800 g rohe, ungeschälte Scampi (ohne Kopf) · 4 Knoblauchzehen · 2 Schalotten · 2 getrocknete Peperoni

2 Zitronengrasstengel · je 1 Stück Ingwerwurzel und Galgant (je 3 cm lang) · 5 bis 6 Zitronenblätter

600 ml Kokosmilch · 2 EL Nam Prik Phau (Rezept Seite 36) · 2 EL Palmzucker · 3 bis 4 EL Fischsauce

1 TL gekörnte Fleischbrühe · 1 TL Paprikapulver, edelsüß · 3 bis 4 EL Zitronensaft

200 g Strohpilze oder Champignons · 2 Thai-Korianderzweige

1. Scampi waschen, schälen, halbieren und die Därme entfernen.

2. Knoblauch und Schalotten schälen. Peperoni waschen und die Stielansätze entfernen. Knoblauch, Schalotten und Peperoni unter dem Grill rösten, dann im Mörser fein zerstoßen.

3. Zitronengras in 5 cm lange Stücke schneiden und flach klopfen. Ingwer und Galgant putzen und im Mörser zerstoßen. Die Zitronenblätter waschen, trockentupfen und grob zerkleinern.

4. 300 ml Kokosmilch bei mittlerer Hitze erwärmen. Knoblauch, Schalotten, Peperoni, Ingwer und Galgant untermischen. Nam Prik Phau, Zucker, Fischsauce, gekörnte Brühe, Paprika, Zitronensaft, -gras und -blätter unterrühren, 5 Minuten kochen lassen.

5. Die Pilze putzen, halbieren und zusammen mit der restlichen Kokosmilch dazugeben. 1 Minute aufkochen lassen.

6. Die Scampi dazugeben und 2 Minuten kochen lassen. Die Korianderzweige waschen, trockentupfen, die Blättchen abzupfen und darüberstreuen.

SCAMPI MIT KNOBLAUCH UND THAI-KORIANDER

Gung Pad Pa Kchi

Für 4 Personen · Vorbereitungszeit: 25 Minuten · Zubereitungszeit: 15 Minuten

800 g rohe, ungeschälte Scampi (ohne Kopf) · 6 Knoblauchzehen · 2 Chilischoten · 3 Thai-Korianderzweige

8 EL Pflanzenöl · 2 EL Austernsauce · 2 EL helle Sojasauce · 1 TL dunkle Sojasauce · 1 EL Fischsauce

1 TL Palmzucker · 1 TL Knoblauchpulver · 100 ml Wasser · 3 EL Cognac

1. Scampi waschen und schälen, dabei die Därme, aber nicht das Schwanzende entfernen. Knoblauch schälen und in feine Scheiben schneiden. Die Chilischoten waschen, Stielansätze entfernen und in feine Ringe schneiden. Die Korianderzweige waschen, trockentupfen, die Blättchen abzupfen und grob zerkleinern.

2. Öl im Wok erhitzen und die Scampi darin ganz kurz wenden, herausnehmen. Die Hälfte des Öls abgießen.

3. Knoblauch, Austernsauce, Sojasaucen, Fischsauce, Zucker und Knoblauchpulver in den Wok geben und unter ständigem Rühren erhitzen.

4. Scampi dazugeben und unter Rühren kurz erwärmen. Das Wasser dazugießen und einmal kurz aufkochen lassen. Mit Koriander und Cognac abschmecken.

GEBRATENE GARNELEN MIT GEWÜRZEN

Gung Pad Kruang Hom

Für 4 Personen · Vorbereitungszeit: 30 Minuten · Zubereitungszeit: 10 Minuten

800 g rohe, ungeschälte Garnelen (ohne Kopf) · 2 Zitronengrasstengel · 3 bis 4 Knoblauchzehen

6 Schalotten · 5 getrocknete Chilischoten · 1 Kaffir-Limette · 7 Zitronenblätter · 1 TL Garnelenpaste

4 EL Pflanzenöl · 2 EL Fischsauce

1. Die Garnelen waschen, aus der Schale lösen und die Därme entfernen.

2. Das Zitronengras waschen und in feine Ringe schneiden. Knoblauchzehen und Schalotten schälen und fein hacken. Zitronengras, Knoblauch, Schalotten und Chilischoten in einer Pfanne trocken rösten.

3. Kaffir-Limette waschen und die Schale in feinen Streifen abschneiden. Die Zitronenblätter waschen, trockentupfen und in sehr feine Streifen schneiden.

4. Geröstete Zutaten, Limettenschale und die Garnelenpaste im Mörser zerstoßen. Öl in einer Pfanne erhitzen und diese Zutaten bei mittlerer Hitze anbraten.

5. Die Garnelen dazugeben und kurz garen. Mit Fischsauce und Zitronenblättern abschmecken.

> **N · I · T · A · Y · A**
> *Manche mögens scharf! In diesem Fall können Sie vor dem Servieren noch gehackte frische Chilischoten darüberstreuen.*

GEGRILLTE RIESENGARNELEN MIT SÜSSEM CHILI-DIP

Gung Phau Nam Pla Wan

Für 4 Personen · Vorbereitungszeit: 20 Minuten · Zubereitungszeit: 20 Minuten

6 Knoblauchzehen · 4 Schalotten · 2 EL Pflanzenöl · 5 Korianderzweige · 8 rohe, ungeschälte Riesengarnelen,

ohne Kopf (insgesamt etwa 800 g) · 8 rote Chilischoten · 2 EL Fischsauce · 50 g Palmzucker

3 EL Tamarindenmus · 2 EL Garnelenpaste

1. Knoblauch und Schalotten schälen und fein hacken. Das Öl in einer Pfanne erhitzen und beides darin goldbraun braten.

2. Korianderzweige waschen, trockentupfen, die Blättchen abzupfen und grob zerkleinern.

3. Die Garnelen waschen, aus der Schale lösen und die Därme entfernen. Die Chilischoten waschen,

Stielansätze entfernen. Die Schoten in feine Ringe schneiden.

4. Für den Dip Fischsauce, Palmzucker, Tamarindenmus und Garnelenpaste im Topf bei mittlerer Hitze erwärmen, einmal aufkochen lassen und gut verrühren.

5. Vom Herd nehmen und Knoblauch, Schalotten und Chilischoten unterrühren.

6. Garnelen bei mittlerer Hitze von beiden Seiten etwa 5 bis 7 Minuten grillen. Mit Koriander bestreuen, mit dem Dip servieren.

> **N · I · T · A · Y · A**
> *Der süße Chili-Dip paßt auch sehr gut zu gegrilltem Fisch.*

GARNELEN IN TAMARINDENSAUCE

Gung Pad Nam Makam

Für 4 Personen · Vorbereitungszeit: 35 Minuten · Zubereitungszeit: 15 Minuten (Foto: Seite 99)

800 g rohe, ungeschälte Garnelen (ohne Kopf) · 2 Frühlingszwiebeln · 2 Chilischoten · 2 Knoblauchzehen
1 Schalotte · 1 Stück Ingwerwurzel · 2 Korianderwurzeln · 4 EL Pflanzenöl · 3 EL Tamarindenmus
2 EL Austernsauce · 1 EL Palmzucker · 1 Prise frisch gemahlener Pfeffer

1. Garnelen waschen und aus der Schale lösen, die Därme entfernen.
2. Frühlingszwiebeln waschen, putzen und in 4 cm lange Streifen schneiden. Die Chilischoten waschen, Stielansätze entfernen und die Schoten im Mörser zerstoßen. Knoblauch und Schalotte schälen und fein hacken. Ingwer und Korianderwurzeln putzen und in kleine Würfel schneiden.

3. Das Öl in einem Wok erhitzen und Knoblauch, Schalotten, Ingwer, Korianderwurzel und Chilischoten darin anbraten. Tamarindenmus, Austernsauce und Zukker gut untermischen.
4. Die Garnelen dazugeben und 1 bis 2 Minuten darin garen.
5. Mit etwas Wasser aufgießen, mit Frühlingszwiebeln und Pfeffer abschmecken.

> **N · I · T · A · Y · A**
> *Tamarinde ist ein beliebtes Würzmittel in der thailändischen Küche, das den Gerichten einen unverwechselbaren säuerlichen Geschmack verleiht. Wenn Sie kein Tamarindenmus bekommen, können Sie auch ein kleines Stück gepreßte Tamarinde in etwas Wasser auflösen.*

VENUSMUSCHELN MIT BASILIKUM

Pad Hoy Lai

Für 4 Personen · Vorbereitungszeit: 1 1/2 Stunden · Zubereitungszeit: 10 Minuten (Foto: Seite 101)

2 kg Venusmuscheln · 4 Basilikumzweige (Bai Horapa) · 2 EL Fischsauce · 2 EL Nam Prik Phau (Rezept Seite 36)
4 Knoblauchzehen · 2 bis 3 frische Chilischoten · 5 EL Pflanzenöl

1. Die Muscheln etwa 1 Stunde in Wasser einlegen. Geöffnete Muscheln wegwerfen, die anderen säubern und mit einem spitzen Messer öffnen. Die Schalenhälften ohne Fleisch wegwerfen.

2. Die Basilikumzweige waschen, trockentupfen, die Blätter abzupfen und mit den Fingern grob zerkleinern. Fischsauce und Nam Prik Phau miteinander vermischen.

3. Die Knoblauchzehen schälen, mit einem breiten Messer flachdrücken und fein hacken. Die Chilischoten waschen, Stielansätze entfernen und die Schoten im Mörser leicht quetschen.

4. Das Öl in einem Wok erhitzen und den Knoblauch darin kurz anbraten. Die Muscheln dazugeben und kurz braten.

5. Die Fischsaucen-Mischung unterrühren, Chilischoten und Basilikumblätter dazugeben und alles miteinander vermischen. Sofort servieren!

N · I · T · A · Y · A

Thailändisches Basilikum ist bei diesem Gericht sehr wichtig und durch nichts zu ersetzen. Sollten Sie keine frischen Muscheln bekommen, können Sie tiefgekühlte Ware verwenden. Diese Muscheln müssen dann in Salzwasser aufgekocht werden. Schalen, die sich nicht geöffnet haben, bitte unbedingt wegwerfen!

GEFLÜGEL

Einst versprach ein französischer König seinem armen Volk, daß es jeden Sonntag ein Huhn im Topf habe. Die Thais hätten darüber nur mild gelächelt. Nur einmal in der Woche? Sie essen Geflügel wesentlich häufiger. Es steht hinter dem Fisch an zweiter Stelle als Eiweißlieferant. Zu jedem ländlichen Haushalt gehören freilaufende Hühner. Sogar in der Stadt wird das Federvieh in Käfigen gemästet, wobei in der Thai-Küche wesentlich mehr Hühner als Enten verwendet werden. Die Ente ist mehr das klassische Geflügel der chinesischen Küche. Thais kaufen Hühner entweder im Ganzen, oder sie lassen die Tiere vom Schlachter entbeinen. Für die Küche kommen nur erstklassige junge Hühner und Hähnchen in Frage, keinesfalls Suppenhühner. Immer beliebter werden Wachteln, die aus großen Zuchtanlagen stammen. Dafür ist Putenfleisch so gut wie unbekannt.

SÜSS-SAURES HÄHNCHEN MIT GEMÜSE

Pad Brio Wan Gai

Für 4 Personen · Vorbereitungszeit: 30 Minuten · Zubereitungszeit: 10 Minuten

10 getrocknete Morcheln · 400 g Hähnchenbrustfleisch · ¼ Salatgurke · 2 Frühlingszwiebeln · 1 Zwiebel
½ rote Paprikaschote · 2 schnittfeste Tomaten · ¼ frische Ananas · 4 Knoblauchzehen · 6 EL Pflanzenöl
2 EL helle Sojasauce · 6 EL Honig · 4 EL Zucker · 2 EL Essig · 1 EL Tomatenketchup
2 EL Fischsauce · ½ TL frisch gemahlener weißer Pfeffer

1. Die Morcheln 30 Minuten in lauwarmem Wasser einweichen.

2. Das Hähnchenfleisch in mundgerechte Stücke schneiden. Die Gurke schälen und vierteln, die Frühlingszwiebeln waschen und putzen. Beides in ca. 3 cm lange Stücke schneiden. Die Zwiebel schälen, die Paprika waschen. Beides in kleine Würfel schneiden. Die Tomaten waschen, Stielansatz entfernen und in Scheiben schneiden. Die Ananas schälen und das Fruchtfleisch in Würfel schneiden.

3. Die Knoblauchzehen schälen, mit einem breiten Messer flachdrücken und in kleine Würfel schneiden. Das Öl in einem Wok erhitzen und den Knoblauch darin kurz anbraten.

4. Hähnchenfleisch dazugeben und kurz anbraten, dann die Sojasauce darüberträufeln. Bei großer Hitze die Ananas unter Rühren dazugeben, dann nach und nach die restlichen Zutaten hinzufügen. Kurz aufkochen lassen und abschmecken.

> **N · I · T · A · Y · A**
> *Anstatt Hähnchenfleisch kann man für dieses Gericht auch Rind- oder Schweinefleisch verwenden.*

HÄHNCHEN MIT SCHARFEM BASILIKUM

Gai Pad Kaprau

Für 4 Personen · Vorbereitungszeit: 20 Minuten · Zubereitungszeit: 10 Minuten

600 g Hähnchenbrustfleisch · 4 Basilikumzweige (Bai Kaprau) · 3 Schalotten · 4 Knoblauchzehen
½ rote Paprikaschote · 4 rote und grüne Chilischoten · 4 bis 6 EL Pflanzenöl · 2 bis 3 EL Fischsauce
1 TL Zucker · 1 kleine Tasse Wasser

1. Das Hähnchenfleisch in mundgerechte Stücke schneiden.

2. Die Basilikumzweige waschen, trockentupfen, die Blätter abzupfen und grob zerkleinern. Schalotten und Knoblauchzehen schälen, Paprika- und Chilischoten waschen, Stielansätze entfernen und alles fein hacken.

3. Das Öl im Wok erhitzen, die feingehackten Zutaten bei mittlerer Hitze darin kurz anbraten.

4. Das Hähnchenfleisch dazugeben und unter Rühren kurz braten. Fischsauce und Zucker dazugeben und unter Rühren das Wasser dazugießen. Mit Basilikum abschmecken.

> **N · I · T · A · Y · A**
> *Man kann auch noch Bohnen, Bambussprossen oder Thai-Auberginen dazugeben.*

HÄHNCHEN MIT CHINESISCHER GURKE

Gäng Kua Fakiau Gab Gai

Für 4 Personen · Vorbereitungszeit: 20 Minuten · Zubereitungszeit: 10 Minuten (Foto: Seite 105)

400 g Hähnchenbrustfleisch · 250 g chinesische Gurke · 4 Zitronenblätter · 2 Basilikumzweige · 400 ml Kokosmilch

1 EL Gäng Kua Paste (Fertigprodukt) · 3 EL Fischsauce · 1 EL Palmzucker · 2 EL Tamarindenmus

1. Das Hähnchenfleisch in feine Streifen schneiden. Die Gurke schälen, Kerne entfernen und in mundgerechte Stücke schneiden. Die Zitronenblätter waschen, trockentupfen und zerkleinern. Die Basilikumzweige waschen, trockentupfen, die Blätter abzupfen und zerkleinern.
2. Etwa 50 ml Kokosmilch in einem hohen Topf erhitzen.

Gäng Kua Paste darin kurz anbraten, dann das Hähnchenfleisch dazugeben und 1 bis 2 Minuten unter Rühren braten.
3. Fischsauce, Zucker, Tamarindenmus und die restliche Kokosmilch dazugeben und einmal aufkochen lassen.
4. Die chinesische Gurke dazugeben und alles noch einmal kurz zum Kochen bringen. Mit Zitro-

nenblättern und Basilikum abschmecken.

> **N · I · T · A · Y · A**
> *Das Gericht soll leicht säuerlich schmecken. Eventuell noch einmal mit Tamarindenmus abschmecken.*

HÄHNCHEN MIT CASHEWNÜSSEN

Gai Pad Med Ma-Muang

Für 4 Personen · Vorbereitungszeit: 30 Minuten · Zubereitungszeit: 10 Minuten

10 getrocknete Morcheln · 500 g Hähnchenbrustfleisch · 1 Zwiebel · 1 rote Paprikaschote · 2 Frühlingszwiebeln

4 Knoblauchzehen · 4 bis 6 EL Pflanzenöl · 1 EL Austernsauce · 2 EL helle Sojasauce · 1 TL gekörnte Fleischbrühe

½ Tasse Wasser · 50 g geröstete Cashewnüsse

1. Die Morcheln in lauwarmem Wasser 30 Minuten einweichen.

2. Das Hähnchenfleisch in mundgerechte Stücke schneiden. Die Zwiebel schälen, die Paprika waschen, Stielansatz und Samenstränge entfernen. Zwiebel und Paprika in kleine Würfel schneiden. Die Frühlingszwiebeln waschen, putzen und in 2 bis 3 cm lange Stücke schneiden.

3. Knoblauch schälen, mit einem breiten Messer flachdrücken und in kleine Würfel schneiden. Öl in einem Wok erhitzen und den Knoblauch darin kurz anbraten.

4. Das Hähnchenfleisch dazugeben und kurz anbraten. Die eingeweichten Morcheln abgießen und mit der Zwiebel und Paprikaschote unter Rühren zum Fleisch geben, kurz anbraten.

5. Austernsauce, Sojasauce und gekörnte Fleischbrühe hinzufügen und gut umrühren. Mit dem Wasser aufgießen und kurz köcheln lassen. Cashewnüsse und Frühlingszwiebeln untermischen und servieren.

HÄHNCHEN MIT WASSERKASTANIEN

Gai Pad Häew

Für 4 Personen · Vorbereitungszeit: 30 Minuten · Zubereitungszeit: 10 Minuten

5 getrocknete Tongku-Pilze · 400 g Hähnchenbrustfleisch · 2 Frühlingszwiebeln · 10 Wasserkastanien

2 Knoblauchzehen · 4 EL Pflanzenöl · 2 EL helle Sojasauce · 1 EL Austernsauce · frisch gemahlener Pfeffer

1. Tongku-Pilze in lauwarmem Wasser etwa 10 Minuten einweichen. Abgießen, Stiele entfernen und die Köpfe halbieren.

2. Das Hähnchenfleisch in feine Streifen schneiden. Die Frühlingszwiebeln waschen, putzen und in 4 cm lange Streifen schneiden. Die Wasserkastanien halbieren.

3. Die Knoblauchzehen schälen, mit einem breiten Messer flachdrücken und fein hacken. Das Öl in einer Pfanne erhitzen und den Knoblauch darin bei mittlerer Hitze kurz anbraten.

4. Das vorbereitete Hähnchenfleisch dazugeben und kurz anbraten.

5. Kastanien und Pilze hinzufügen und alles gut vermischen. Mit Sojasauce und Austernsauce abschmecken.

6. Vor dem Servieren die Frühlingszwiebeln dazugeben und mit Pfeffer würzen. Alles noch einmal gut vermischen.

HÄHNCHEN SÜSS MIT GERÖSTETEN PEPERONI

Gai Wan Gab Prik Toad

Für 4 Personen · Vorbereitungszeit: 30 Minuten · Zubereitungszeit: 10 Minuten

400 g Hähnchenbrustfleisch · 10 getrocknete Morcheln · 2 große Zwiebeln · 3 Knoblauchzehen

1 rote Paprikaschote · 2 Frühlingszwiebeln · 6 EL Pflanzenöl · 3 getrocknete Peperoni · 2 EL dunkle Sojasauce

2 EL Fischsauce · 1 EL Austernsauce · 1 EL Palmzucker · 1 TL gekörnte Fleischbrühe · ½ Tasse heißes Wasser

1. Das Hähnchenfleisch in feine Streifen schneiden. Die Morcheln 5 Minuten in lauwarmem Wasser einweichen. Die Zwiebeln schälen und in kleine Würfel schneiden. Die Knoblauchzehen schälen, mit einem breiten Messer flachdrücken und fein hacken. Die Paprikaschote waschen, Stielansatz und Samenstränge entfernen und in kleine Würfel schneiden. Die Frühlingszwiebeln waschen, putzen und in Streifen schneiden.

2. Das Öl im Wok erhitzen und die Peperoni darin anbraten. Herausnehmen und beiseite stellen.
3. Den Knoblauch in dem Öl anbraten. Das Hähnchenfleisch dazugeben und etwa ½ Minute braten.
4. Unter ständigem Rühren Zwiebeln, Paprika und die abgegossenen Morcheln dazugeben.
5. Sojasauce, Fischsauce, Austernsauce und den Palmzucker unterrühren.

6. Die gekörnte Brühe mit dem Wasser anrühren und mit den Frühlingszwiebeln dazugeben, alles verrühren. Mit den gebratenen Peperoni garnieren.

N · I · T · A · Y · A

Die Morcheln gut waschen, da sie immer sehr sandig sind. Paprikaschote und Zwiebeln sollen noch knackig sein und dürfen daher nicht zu lange braten.

HÄHNCHEN MIT ALLERLEI GEWÜRZEN

Pad Prik King

Für 4 Personen · Vorbereitungszeit: 20 Minuten · Zubereitungszeit: 10 Minuten

400 g Hähnchenbrustfleisch · ½ frische Peperoni · 3 Schalotten · 4 Knoblauchzehen · 1 Zitronengrasstengel

3 bis 4 Zitronenblätter · 2 getrocknete Peperoni · 1 TL geriebene Limettenschale · 2 EL getrocknete Krabben

1 TL Garnelenpaste · 4 EL Pflanzenöl · 3 EL Fischsauce · 1 EL Zucker

1. Hähnchenfleisch in feine Streifen schneiden. Frische Peperoni waschen, Stielansatz entfernen und in feine Streifen schneiden. Schalotten und Knoblauch schälen und in grobe Stücke schneiden. Zitronengras und Zitronenblätter waschen, trockentupfen und in feine Streifen schneiden.

2. Schalotten, getrocknete Peperoni, Knoblauch, Zitronengras, Limettenschale, Krabben und die Garnelenpaste im Mörser zerstoßen oder in der Küchenmaschine fein zerkleinern.
3. Das Öl im Wok erhitzen und die Zutaten aus dem Mörser darin kurz anbraten.

4. Das Hähnchenfleisch dazugeben und 2 bis 3 Minuten garen.
5. Fischsauce und Zucker dazugeben. Mit Zitronenblättern abschmecken und mit der feingeschnittenen Peperoni garnieren.

GRILLHÄHNCHEN AUF THAILÄNDISCHE ART

Gai Yang Isan

Für 4 Personen · Vorbereitungszeit: 1 ¼ Stunden · Zubereitungszeit: 50 Minuten (Foto: Seite 108)

Für die Marinade: 4 Knoblauchzehen · 2 Zitronengrasstengel · 2 Korianderwurzeln · 1 EL Fischsauce

2 EL helle Sojasauce · 1 TL Salz · 1 TL frisch gemahlener Pfeffer

Außerdem: 1 küchenfertige Poularde · Nam Jim Gai (süß-saure Fertigsauce)

1. Die Knoblauchzehen schälen, mit einem breiten Messer flachdrücken und in kleine Würfel schneiden. Das Zitronengras quetschen und in feine Streifen schneiden. Korianderwurzeln putzen und fein hacken.
2. Alle Zutaten für die Marinade gut miteinander verrühren. Die

Poularde waschen, trockentupfen und mit der Marinade sorgfältig bestreichen. 1 Stunde durchziehen lassen, dabei immer wieder mit der Marinade bestreichen.
3. Die Poularde bei 180 Grad Oberhitze 40 bis 50 Minuten grillen, bis die Haut schön knusprig ist.

4. Die Poularde zerlegen und mit Nam Jim Gai servieren.

> **N · I · T · A · Y · A**
> *Am aromatischsten wird das Hähnchen, wenn man es über Holzkohlenfeuer grillt.*

HÄHNCHEN MIT FRISCHEM DILL

Gänggei Gab Pakchi Laus

Für 4 Personen · Vorbereitungszeit: 20 Minuten · Zubereitungszeit: 10 Minuten

400 g Hähnchenbrustfleisch · 50 g Champignons · 5 feste Tomaten · 4 Thai-Schalotten

2 Knoblauchzehen · 1 Frühlingszwiebel · 1 Bund Dill · 1 EL Garnelenpaste · 5 getrocknete Chilischoten

1 EL Reis · 200 ml Wasser · 1 EL gekörnte Fleischbrühe · 3 EL Fischsauce · 1 TL Zucker

1. Das Hähnchenfleisch in mundgerechte Stücke schneiden. Die Champignons putzen und halbieren, Tomaten waschen und in 4 bis 5 Teile schneiden. Schalotten und Knoblauch schälen. Schalotten halbieren. Die Frühlingszwiebel waschen, putzen und in 3 bis 4 cm lange Stücke schneiden. Die Dillzweige waschen, trockentupfen und die Blättchen von den Zweigen zupfen.
2. Schalotten, Knoblauch, Garnelenpaste, Chilischoten und Reis im Mörser zerstoßen.
3. Das Wasser mit der gekörnten Brühe im Wok kurz aufkochen lassen. Die zerkleinerten Zutaten aus dem Mörser, das Hähnchenfleisch und die Champignons dazugeben und nochmals kurz kochen lassen.
4. Tomaten, Frühlingszwiebel, Fischsauce, Dill und Zucker dazugeben und noch einmal kurz zum Kochen bringen. Den Wok vom Herd nehmen und das Gericht sofort servieren.

> **N · I · T · A · Y · A**
> *Anstelle des Hähnchenfleischs kann man auch sehr gut Fisch verwenden.*

WACHTELN MIT KNOBLAUCH

Nog Tod Grob Gab Khaoman

Für 4 Personen · Vorbereitungszeit: 45 Minuten · Zubereitungszeit: 20 Minuten

8 kleine Wachteln · 1 TL Zucker · 6 Knoblauchzehen · 2 Korianderwurzeln · 1 TL weiße Pfefferkörner

3 EL helle Sojasauce · 1 EL Austernsauce · 2 EL Cognac · 2 Tassen Langkornreis · 50 g Champignons

1 große Zwiebel · 2 Frühlingszwiebeln · 2 Korianderzweige · 6 EL Pflanzenöl

2 EL Fischsauce · 50 ml ungesüßte Kokosmilch

1. Die Wachteln waschen, trockentupfen und mit dem Zucker in eine große Schüssel geben.

2. Die Knoblauchzehen schälen, Korianderwurzeln waschen und putzen. Beides mit den Pfefferkörnern im Mörser zerstoßen. Zusammen mit Sojasauce, Austernsauce und Cognac zu den Wachteln in die Schüssel geben und alles gut mit den Händen vermengen. 30 Minuten durchziehen lassen.

3. Den Reis wie auf der Packung angegeben kochen.

4. Die Champignons putzen und in Scheiben schneiden. Die Zwiebel schälen und in kleine Würfel schneiden. Frühlingszwiebeln waschen, putzen und in feine Streifen schneiden. Korianderzweige waschen, trockentupfen, die Blättchen abzupfen und grob zerkleinern.

5. Öl in einer Pfanne erhitzen und die Wachteln darin auf jeder Seite 5 bis 6 Minuten braten. Herausnehmen und warm stellen.

6. Pilze und Zwiebel in die Pfanne geben und kurz darin andünsten, dann den gekochten Reis dazugeben und unter Rühren erwärmen.

7. Fischsauce und Kokosmilch dazugeben, kurz erhitzen und das Gericht mit Frühlingszwiebeln und Koriander abschmecken.

8. Die Wachteln auf vorgewärmten Tellern mit dem Reis anrichten.

> **N · I · T · A · Y · A**
>
> *Für dieses Gericht verwende ich Khaoman-Reis. Dieser Duftreis paßt vorzüglich zu den Wachteln. Die Garzeit der Wachteln hängt von ihrem Gewicht ab: Größere Wachteln lieber etwas länger braten, damit das Fleisch an den Knochen nicht mehr roh ist.*

ENTE MIT KOKOSMILCH, ANANAS UND BASILIKUM

Gäng Kuar Ped Jang

Für 4 Personen · Vorbereitungszeit: 30 Minuten · Zubereitungszeit: 20 Minuten

500 g Entenbrustfleisch · Salz · 3 EL Öl · 100 g Ananas · 1 feste Tomate

3 bis 4 Zitronenblätter · 2 Basilikumzweige · 6 EL Kokosmilch · 1 EL Currypaste · 3 EL Fischsauce

2 EL Palmzucker · 2 EL Essig

1. Das Entenfleisch waschen, trockentupfen und salzen. Das Öl im Wok erhitzen und die Entenbrust darin von beiden Seiten kurz braten. Das Fleisch aus dem Wok nehmen, in Alufolie hüllen und etwas ruhen lassen. Dann in mundgerechte Stücke schneiden. Das Fett aus dem Wok abgießen.

2. Ananas schälen, die Tomate waschen und den Stielansatz entfernen. Beides in kleine Würfel schneiden. Die Zitronenblätter waschen, trockentupfen und grob zerkleinern. Die Basilikumzweige waschen, trockentupfen, die Blätter abzupfen und grob zerkleinern.

3. Die Kokosmilch mit der Currypaste im Wok bei mittlerer Hitze ca. 1 Minute erhitzen. Dann 1 EL Fischsauce unterrühren.

4. Bei großer Hitze nacheinander Entenfleisch, Ananas, die restliche Fischsauce, Zucker, Essig und die Zitronenblätter dazugeben. 4 Minuten aufkochen lassen, dann die Tomatenwürfel und das Basilikum unterrühren.

> ### N · I · T · A · Y · A
> *Ente wird in Thailand vorwiegend an Festtagen zubereitet. Unter der Woche zieht man das billigere Hähnchenfleisch vor, das aber auch vorzüglich zu Ananas und Kokosmilch paßt. Sie können das Entenfleisch aber auch einmal durch Rindfleisch oder Scampi ersetzen.*

ENTE SÜSS-SAUER MIT ANANAS

Pet Briowan

Für 4 Personen · Vorbereitungszeit: 25 Minuten · Zubereitungszeit: 20 Minuten (Foto: Seite 113)

400 g Entenbrustfleisch · 5 getrocknete chinesische Morcheln · 3 Knoblauchzehen · 50 g Ananas

50 g Salatgurke · 1 mittelgroße Zwiebel · 2 Frühlingszwiebeln · 2 mittelgroße Tomaten

3 EL Essig · 4 EL Honig · 1 EL helle oder ½ EL dunkle Sojasauce · 3 EL Fischsauce · 2 EL Palmzucker

1 EL Tomatenketchup · 2 TL Stärkemehl · Salz · 4 EL Weizenmehl · frisch gemahlener Pfeffer

½ l Pflanzenöl · Cognac

1. Das Entenfleisch waschen, trockentupfen und das Fett entfernen. Das Fleisch in mundgerechte Stücke schneiden.

2. Die Morcheln in lauwarmem Wasser 5 Minuten einweichen. Abgießen und halbieren oder in Streifen schneiden.

3. Knoblauch schälen und im Mörser zerstoßen. Ananas und Gurke schälen und in mundgerechte Stücke schneiden. Die Zwiebel schälen und in kleine Würfel schneiden. Die Frühlingszwiebeln waschen, putzen und in Streifen schneiden.

4. Tomaten kurz blanchieren, häuten, Stielansätze entfernen und das Fruchtfleisch in kleine Würfel schneiden.

5. In einem hohen Topf etwas Wasser mit Essig, Honig, Sojasauce, Fischsauce, Zucker, Tomatenketchup und den zerstoßenen Knoblauchzehen zum Kochen bringen. Stärkemehl mit etwas kaltem Wasser anrühren und dazugeben. Kurz aufkochen lassen und mit Salz abschmecken.

6. Weizenmehl, Salz und Pfeffer vermischen und die Entenfleischstücke darin wenden. Das Öl im Wok erhitzen und das Fleisch darin goldgelb braten.

7. Nacheinander Ananas, Gurke, Tomaten, Zwiebel, Frühlingszwiebeln und Morcheln in die Sauce geben und kurz aufkochen lassen.

8. Mit Cognac abschmecken und die Entenstücke mit der Sauce übergießen.

> **N·I·T·A·Y·A**
> *Frische rote Peperoni waschen, den Stielansatz entfernen und die Schote in feine Streifen schneiden. So vorbereitet als Garnitur verwenden. Sehr gut schmeckt die Sauce auch, wenn man sie mit Lychees anreichert.*

ENTE MIT SOJASAUCE UND ANIS

Pet Pad Siju

Für 4 Personen · Vorbereitungszeit: 20 Minuten · Zubereitungszeit: 10 Minuten

400 g Entenbrustfleisch · 3 Frühlingszwiebeln · 3 Korianderzweige mit Wurzeln · 3 Knoblauchzehen

8 EL Pflanzenöl · 1 TL Austernsauce · 1 EL dunkle Sojasauce · 1 EL Fischsauce · 1 TL frisch gemahlener Pfeffer

1 TL Zucker · 1 Sternanis · 1 TL gekörnte Fleischbrühe · Cognac

1. Das Entenfleisch waschen, trockentupfen und in feine Streifen schneiden. Frühlingszwiebeln waschen, putzen und in feine Streifen schneiden. Korianderzweige waschen, trockentupfen, die Wurzeln abschneiden und in kleine Würfel schneiden. Die Blättchen abzupfen und grob zerkleinern. Knoblauchzehen schälen, mit einem breiten Messer flachdrücken und in kleine Würfel schneiden.

2. Das Öl im Wok erhitzen und das Entenfleisch mit dem Knoblauch darin kurz anbraten.

3. Austernsauce, Sojasauce, Fischsauce, Pfeffer, Zucker, Anis und Korianderwurzeln dazugeben und kurz kochen lassen.

4. Die gekörnte Fleischbrühe in einer halben Tasse heißem Wasser auflösen. Mit den Frühlingszwiebeln in den Wok geben, umrühren und kurz erhitzen.

5. Den Sternanis vor dem Servieren entfernen. Mit den Korianderblättchen und etwas Cognac abschmecken.

KNUSPRIGE ENTE MIT TAMARINDENSAUCE

Ped Grob Sod Makam

Für 4 Personen · Vorbereitungszeit: 60 Minuten · Zubereitungszeit: 15 Minuten (Foto: Seite 115)

500 g Entenbrustfleisch mit Haut · 2 eingelegte Knoblauchzehen (aus dem Glas)

1 Frühlingszwiebel · 1 große Tomate · 5 getrocknete Chilischoten · 4 Knoblauchzehen

2 Korianderzweige mit Wurzeln · 6 feine Scheiben Ingwerwurzel · Salz · 10 EL Pflanzenöl

1 EL Austernsauce · 3 EL Tamarindenmus · 2 EL Palmzucker · 1 EL Stärkemehl

4 EL Weizenmehl · 1 TL frisch gemahlener Pfeffer

1. Das Entenfleisch waschen, trockentupfen und in feine Streifen schneiden.

2. Den eingelegten Knoblauch in kleine Würfel schneiden. Die Frühlingszwiebel waschen, putzen und in etwa 4 cm lange Streifen schneiden. Die Tomate waschen, Stielansatz entfernen und in kleine Würfel schneiden.

3. Die Chilischoten trocken im Wok rösten. Herausnehmen und beiseite stellen.

4. Die Knoblauchzehen schälen, mit einem breiten Messer flachdrücken und in kleine Würfel schneiden. Die Korianderzweige waschen, die Wurzel abschneiden, die Blättchen abzupfen und grob zerkleinern.

5. Korianderwurzel, frischen Knoblauch, 3 Ingwerscheiben und Salz im Mörser zerstoßen. Entenfleisch mit der Mischung einreiben und etwa 40 Minuten marinieren.

6. Restlichen Ingwer fein hacken. Mit den Tomaten, dem eingelegten Knoblauch und 2 EL Öl im Wok kurz erhitzen. Austernsauce, Tamarindenmus und Palmzucker dazugeben. Das Stärkemehl mit etwas kaltem Wasser verrühren und untermischen. Kurz kochen lassen, dann aus dem Wok abgießen und beiseite stellen.

7. Mehl mit Salz und gemahlenem Pfeffer vermischen und das Entenfleisch darin wenden. Das restliche Öl im Wok erhitzen und das Fleisch darin etwa 4 bis 8 Minuten braten. Aus dem Wok nehmen und auf Küchenpapier abtropfen lassen.

8. Das Entenfleisch auf vorgewärmten Tellern anrichten. Die Sauce noch einmal erhitzen und Frühlingszwiebel, Korianderblättchen und die gerösteten Chilischoten dazugeben. Über das Entenfleisch gießen und sofort servieren.

> ### N · I · T · A · Y · A
> *In der thailändischen Küche spielt Knoblauch eine wichtige Rolle. Am besten verwenden Sie für dieses Gericht frische thailändische Knoblauchzehen, die kleiner sind als unsere Knoblauchzehen, dafür aber milder und aromatischer im Geschmack.*

FLEISCH

Wenn es um den guten Geschmack geht, kennen die Thais keinen Spaß. Sie lassen sich ihre Küche von keiner Weltanschauung vorschreiben. Im Gegensatz zum Islam oder Hinduismus erlaubt der Buddhismus seinen Anhängern – und 95 Prozent aller Thais sind Buddhisten – alle Sorten von Fleisch zu essen: Das tun sie dann auch ausgiebig – mit einer Ausnahme: Lamm und Hammel mögen sie ganz einfach nicht. Schweine, in der Regel sind es kleine Tiere mit dicker Schwarte, werden auf dem Land ähnlich häufig wie Hühner gehalten. Noch immer wird ein dörfliches Schlachtfest ausgiebig gefeiert. Ähnlich wie in Europa oder den USA ist Schwein auch in Thailand wesentlich preiswerter als Rind. Das Rindfleisch ist von ausgezeichneter Qualität und stammt meist von Wasserbüffeln ab. Es wird mürbe abgehangen verkauft und eher zu gehobenen Anlässen, zum Beispiel Familienfeiern, serviert. Für welche Fleischsorte man sich auch entscheidet, eines gilt immer: Fleisch kommt bei den Thais nie ohne Gemüse auf den Tisch und wird immer kräftig gewürzt.

RINDFLEISCH MIT INGWER

Nua Pad King

Für 4 Personen · Vorbereitungszeit: 30 Minuten · Zubereitungszeit: 10 Minuten

10 getrocknete Morcheln · 600 g Rindfleisch (aus der Hüfte) · 40 g Ingwerwurzel · 2 Frühlingszwiebeln

1 große Zwiebel · 1 rote Peperoni · 4 Knoblauchzehen · 4 bis 6 EL Pflanzenöl · ½ Tasse Wasser · 1 TL Salz

2 EL eingelegte gelbe Bohnen (aus dem Glas) · 1 TL Zucker

1. Die Morcheln 30 Minuten in lauwarmem Wasser einweichen.
2. Das Rindfleisch waschen, trockentupfen und in mundgerechte Stücke schneiden. Den Ingwer putzen und in kleine Würfel schneiden. Die Frühlingszwiebeln waschen, putzen und in 2 bis 4 cm lange Stücke schneiden. Die Zwiebel schälen und grob zerteilen. Die Peperoni waschen, Stielansatz entfernen und die Schote in schmale Streifen schneiden.
3. Die Knoblauchzehen schälen, mit einem breiten Messer flachdrücken und fein hacken. Das Öl im Wok erhitzen und Knoblauch und Ingwer darin anbraten.
4. Das Rindfleisch dazugeben und bei starker Hitze kurz anbraten. Das Wasser dazugießen. Alle Zutaten außer den Frühlingszwiebeln dazugeben. 2 Minuten bei starker Hitze braten, dann die Frühlingszwiebeln dazugeben und alles kurz miteinander vermischen. Sofort servieren!

> **N · I · T · A · Y · A**
> *Den Ingwer vor dem Putzen 5 Minuten in lauwarmes Salzwasser einlegen. Er verliert dadurch an Schärfe.*

RINDFLEISCH MIT ERDNUSS-SAUCE

Gäng Massaman Nua

Für 4 Personen · Vorbereitungszeit: 15 Minuten · Zubereitungszeit: 15 Minuten

600 g Rindfleisch (aus der Hüfte) · 2 mittelgroße Zwiebeln · 6 bis 8 EL Pflanzenöl · 400 ml Kokosmilch

100 ml Wasser · 2 EL Massaman-Paste · 2 Zitronengrasstengel · 50 g geröstete Erdnüsse · 2 bis 3 EL Erdnußpaste

3 EL Palmzucker · 1 EL gemahlener Koriander · 2 EL Essig oder Tamarindenmus · 2 EL Fischsauce · 2 TL Salz

1. Das Rindfleisch waschen, trockentupfen und in 3 bis 4 cm lange Streifen schneiden. Die Zwiebeln schälen und in grobe Stücke schneiden.
2. Das Öl im Wok erhitzen und die Zwiebeln darin bei mittlerer Hitze glasig dünsten. Zwiebeln aus dem Wok nehmen und beiseite stellen, das Öl abgießen.
3. Die Kokosmilch mit dem Wasser verrühren. Die Hälfte davon bei mittlerer Hitze in einem Topf erhitzen, die Massaman-Paste dazugeben und etwas einkochen lassen.
4. Das Zitronengras flachklopfen, in Stücke schneiden und dazugeben. Unter ständigem Rühren alle weiteren Zutaten außer den Zwiebeln dazugeben. Bei mittlerer Hitze 4 Minuten kochen lassen.
5. Zum Schluß die Zwiebeln unterrühren und alles noch einmal kurz erhitzen.

> **N · I · T · A · Y · A**
> *Das Gericht schmeckt auch sehr gut mit Hähnchenfleisch.*

RINDFLEISCH MIT BASILIKUM

Nua Pad Horapa

Für 4 Personen · Vorbereitungszeit: 20 Minuten · Zubereitungszeit: 10 Minuten

10 getrocknete Morcheln · 600 g Rindfleisch (aus der Hüfte) · 2 Zwiebeln · 2 rote Peperoni · 2 Basilikumzweige

3 bis 4 Zitronenblätter · 4 Knoblauchzehen · 3 bis 4 EL Pflanzenöl · 2 EL helle Sojasauce

2 bis 3 EL Fischsauce · 1 EL Zucker · ½ Tasse Wasser

1. Die Morcheln 30 Minuten in lauwarmem Wasser einweichen.

2. Das Rindfleisch waschen, trockentupfen und in mundgerechte Stücke schneiden. Die Zwiebeln schälen, die Peperoni waschen und den Stielansatz entfernen. Beides in Streifen schneiden. Basilikumzweige waschen, trockentupfen, die Blätter abzupfen und grob zerkleinern. Die Zitronenblätter waschen, trockentupfen und grob zerkleinern.

3. Die Knoblauchzehen schälen, mit einem breiten Messer flachdrücken und fein hacken. Das Öl im Wok erhitzen und den Knoblauch darin anbraten. Das Rindfleisch dazugeben und bei großer Hitze kurz braten.

4. Alle Zutaten außer dem Basilikum dazugeben und kurz aufkochen. Zum Schluß mit Basilikum abschmecken.

GEDÜNSTETES RINDFLEISCH MIT VIELEN GEWÜRZEN

Nua-Swaan

Für 4 Personen · Vorbereitungszeit: 40 Minuten · Zubereitungszeit: 10 Minuten

600 g Rinderfilet · 2 Thai-Korianderzweige mit Wurzeln · 1 kleines Stück Ingwerwurzel · 4 Knoblauchzehen

4 EL Pflanzenöl · 2 EL helle Sojasauce · 1 EL dunkle Sojasauce · 1 EL Zucker · 1 TL gemahlener Koriander

1 TL Knoblauchpulver · 4 EL Cognac · 2 Sternanis · 1 EL Austernsauce nach Belieben

1. Das Rinderfilet waschen, trockentupfen und in mundgerechte Stücke schneiden. Die Korianderzweige waschen und trockentupfen, die Wurzeln abschneiden und putzen, die Blättchen abzupfen und grob zerkleinern.

2. Den Ingwer putzen und in Scheiben schneiden. Die Knoblauchzehen schälen. Knoblauch, Ingwer und Korianderwurzeln im Mörser fein zerstoßen.

3. Rinderfilet in eine Schüssel geben. Zutaten aus dem Mörser, 1 EL Öl, Sojasauce, Zucker, gemahlenen Koriander, Knoblauchpulver, Cognac und Sternanis dazugeben und mit den Händen alles gut durchmischen. Das Fleisch etwa 20 Minuten marinieren lassen.

4. Restliches Öl im Wok erhitzen und das Rindfleisch darin unter Rühren medium braten. Etwas Wasser unterrühren.

5. Nach Belieben mit der Austernsauce würzen. Mit Korianderblättchen abschmecken.

> **N · I · T · A · Y · A**
> *Dieses Gericht ist relativ trocken und wird daher gerne mit gedünstetem Gemüse, zum Beispiel grünem Spargel mit Austernsauce, gegessen.*

FLEISCH

RINDFLEISCH MIT REISNUDELN UND BROKKOLI

Guytiau Ladna

Für 4 Personen · Vorbereitungszeit: 20 Minuten · Zubereitungszeit: 10 Minuten (Foto: Seite 120)

200 g breite Reisnudeln · 400 g Rindfleisch · 200 g Brokkoli · 3 Knoblauchzehen · 4 EL Pflanzenöl

1 EL helle Sojasauce · 3 EL Essig · 2 EL Zucker · 1 TL eingelegte gelbe Bohnen (aus dem Glas) · 2 EL Fischsauce

1 TL gekörnte Fleischbrühe · 150 ml Wasser · 1 TL Stärkemehl · 1 TL frisch gemahlener Pfeffer

1. Die Reisnudeln 5 Minuten in lauwarmem Wasser einweichen. Dann in einem Sieb abtropfen lassen. Das Rindfleisch waschen, trockentupfen und in mundgerechte Stücke schneiden.
2. Den Brokkoli waschen und die Röschen halbieren. Die Knoblauchzehen schälen, mit einem breiten Messer flachdrücken und fein hacken.
3. Etwa 1 EL Öl im Wok erhitzen, die Reisnudeln darin mit etwas Sojasauce erhitzen. In einer vorgewärmten Schüssel anrichten.

4. Das restliche Öl im Wok erhitzen und den Knoblauch darin kurz anbraten. Das Rindfleisch dazugeben und mit anbraten.
5. Essig, Zucker, eingelegte Bohnen, Fischsauce und restliche Sojasauce unterrühren.
6. Den Brokkoli dazugeben und unter Rühren kurz anbraten.
7. Gekörnte Brühe im Wasser auflösen, Stärkemehl mit etwas kaltem Wasser anrühren. Beides untermischen und kurz aufkochen lassen. Mit Pfeffer würzen und über die Reisnudeln geben.

> **N·I·T·A·Y·A**
> *Noch besser schmeckt Guytiau Ladna, wenn Sie echten thailändischen Brokkoli verwenden. Dieser Brokkoli bildet im Gegensatz zum europäischen keine geschlossenen Röschen. Verwendet werden sowohl die zarten Blüten und die Blätter als auch die Stengel, die man schon etwas früher in den Wok geben kann.*

GESCHMORTES RINDFLEISCH

Nua Dun

Für 4 Personen · Vorbereitungszeit: 20 Minuten · Zubereitungszeit: 50 Minuten

1 kg Rindfleisch (aus der Hüfte) · 2 Selleriestangen · 7 Knoblauchzehen · 7 Korianderwurzeln · 1 Stück Galgant

1 l Rinderbrühe · 1 Zimtstange · 7 Sternanis · 1 TL Salz · 1 EL dunkle Sojasauce · 2 EL helle Sojasauce

1. Das Rindfleisch waschen, trockentupfen und in mundgerechte Stücke schneiden. Den Sellerie waschen, putzen und in 2 cm lange Streifen schneiden. Die Knoblauchzehen schälen und fein hacken. Korianderwurzeln und Galgant putzen und kleinschneiden.
2. Alle Zutaten außer dem Sellerie in einen Topf geben und bei mittlerer Hitze etwa 25 Minuten kochen lassen. Die Hitze zurückschalten und weitere 25 Minuten bei niedriger Temperatur leise kochen lassen.
3. Vor dem Servieren mit dem Sellerie garnieren.

EINGELEGTES RINDERFILET MIT GERÖSTETEM REIS UND PFEFFERMINZE

Omnua

Für 4 Personen · Vorbereitungszeit: 50 Minuten · Zubereitungszeit: 10 Minuten (Foto: Seite 123)

500 g Rinderfilet · 1 TL Salz · 1 EL Zucker · 4 EL Fischsauce · 1 EL dunkle Sojasauce

3 EL Cognac · 100 ml Wasser · 50 g Maiskölbchen · 50 g Thai-Auberginen · 3 Europagrasblätter

3 Pfefferminzzweige · 3 EL Reis · 5 getrocknete Chilischoten · 6 EL Pflanzenöl · 2 EL Tamarindenmus

2 EL Limettensaft

1. Das Rinderfilet waschen und trockentupfen. In eine große Schüssel legen und mit einer Gabel einige Male einstechen. Mit Salz, Zucker, Fischsauce, Sojasauce und Cognac einreiben und 10 Minuten durchziehen lassen.

2. Das Wasser dazugeben und das Rindfleisch nochmals kräftig zwischen den Händen drücken. Weitere 30 Minuten durchziehen lassen.

3. Maiskölbchen und Auberginen putzen, die Auberginen in mundgerechte Stücke schneiden. Europagras waschen und grob zerkleinern. Pfefferminzzweige waschen und trockentupfen. Die Blätter abzupfen und grob zerkleinern.

4. In einer flachen Pfanne den Reis trocken rösten, bis er gebräunt ist. Aus der Pfanne nehmen und im Mörser fein zerstoßen.

5. Die Chilischoten ebenfalls in der Pfanne trocken rösten. Herausnehmen und beiseite stellen.

6. Das Öl in der Pfanne erhitzen. Das Fleisch mit den Händen leicht flachdrücken und in der Pfanne von beiden Seiten einige Minuten kräftig anbraten. Herausnehmen, kurz ruhen lassen und in dünne Scheiben schneiden.

7. Öl aus der Pfanne abgießen. Marinade, Tamarindenmus, Limettensaft und gerösteten Reis in der Pfanne kurz aufkochen lassen. Maiskölbchen und Auberginen dazugeben und kurz erhitzen.

8. Das aufgeschnittene Rinderfilet in die heiße Sauce legen und mit Koriander und Pfefferminze abschmecken. Die Chilischoten zwischen den Händen zerreiben und darüberstreuen. Heiß oder lauwarm servieren.

N · I · T · A · Y · A

Wenn Sie die Chilischoten mit Ihren Händen zerrieben haben, sollten Sie vor allem eines beachten: Nie mit den Fingern in die Augen kommen. Das brennt fürchterlich und, was das Schlimmste ist, Ihnen ist der Appetit vergangen. Also aufpassen! In Thailand wird dieses Gericht sehr gerne mit rohen grünen Thai-Bohnen oder mit knackigen Salatblättern gegessen. Besonders schön schaut Omnua aus, wenn man das Gericht mit den Blüten vom Europagras dekoriert.

RINDFLEISCH MIT KOKOSMILCH UND JUNGEN TAMARINDENBLÄTTERN

Nua Tom Kati

Für 4 Personen · Vorbereitungszeit: 30 Minuten · Zubereitungszeit: 10 Minuten

500 g Rindfleisch (aus der Hüfte) · 4 Thai-Schalotten · 1 Chilischote · ½ Zitronengrasstengel

1 Frühlingszwiebel · 1 TL Garnelenpaste · 1 EL getrocknete Krabben · 1 TL weiße Pfefferkörner

200 ml Kokosmilch · 4 bis 6 EL kleingeschnittene, junge Tamarindenblätter · 2 EL Palmzucker · 3 EL Fischsauce

1. Das Rindfleisch waschen, trockentupfen und in dünne Scheiben schneiden. Die Schalotten schälen und halbieren. Die Chilischote waschen, Stielansatz entfernen. Das Zitronengras waschen, halbieren und leicht flachklopfen. Die Frühlingszwiebel waschen, putzen und in 3 bis 4 cm lange Stücke schneiden.

2. Schalotten, Garnelenpaste, getrocknete Krabben, Chilischote und die Pfefferkörner im Mörser fein zerstoßen.

3. Die Kokosmilch mit den Zutaten aus dem Mörser im Wok zum Kochen bringen.

4. Nacheinander Zitronengras und Rindfleisch, Tamarindenblätter, Zucker, Fischsauce und Frühlingszwiebel dazugeben und unter Rühren kurz kochen lassen. Heiß servieren!

> **N · I · T · A · Y · A**
> *Das Gericht soll einen leicht säuerlichen Geschmack haben.*

GEBRATENES GETROCKNETES RINDFLEISCH

Nua Kem

Für 4 Personen · Vorbereitungszeit: etwa 11 Stunden · Zubereitungszeit: 10 Minuten

1 kg Rindfleisch (aus der Hüfte) · 6 Knoblauchzehen · 2 TL Koriandersamen · 3 EL Fischsauce

1 EL helle Sojasauce · 1 EL Zucker · Öl zum Braten

1. Das Rindfleisch waschen, trockentupfen und in hauchdünne, längliche Scheiben schneiden. Die Knoblauchzehen schälen, mit einem breiten Messer flachdrücken und fein hacken. Die Koriandersamen im Mörser zerstoßen.

2. Aus Knoblauch, Koriander, Fischsauce, Sojasauce und Zucker eine Marinade zubereiten. Das Rindfleisch darin etwa 1 Stunde durchziehen lassen.

3. Die Rindfleischscheiben auf einer großen Platte ausbreiten und etwa 10 Stunden trocknen lassen.

4. Reichlich Öl in einer Pfanne erhitzen und die Fleischscheiben darin nacheinander knusprig braten. Auf Küchenpapier abtropfen lassen.

> **N · I · T · A · Y · A**
> *Das getrocknete Rindfleisch wird als Beilage zu anderen Gerichten serviert, zum Beispiel zu scharfem Rinder- oder Hühnercurry und zu Gemüse. Nicht als eigenen Gang servieren!*

RINDFLEISCH MIT DREIERLEI GEMÜSE

Nua Pad Samjang

Für 4 Personen · Vorbereitungszeit: 20 Minuten · Zubereitungszeit: 10 Minuten

400 g Rindfleisch (aus der Hüfte) · 100 g Zuckererbsen · 100 g Maiskölbchen

80 g Champignons · 2 Frühlingszwiebeln · 3 Knoblauchzehen · 4 EL Pflanzenöl · 1 EL Fischsauce

1 TL Zucker · 1 TL frisch gemahlener Pfeffer · 2 EL helle Sojasauce · 1 TL gekörnte Brühe

150 ml Wasser · 1 TL Stärkemehl · 1 bis 2 EL Cognac

1. Das Rindfleisch waschen, trockentupfen und in mundgerechte Stücke schneiden. Zuckererbsen, Maiskölbchen und Champignons waschen, Maiskölbchen und Champignons halbieren. Die Frühlingszwiebeln waschen, putzen und in Streifen schneiden.
2. Die Knoblauchzehen schälen, mit einem breiten Messer flach-

drücken und fein hacken. Das Öl im Wok erhitzen und den Knoblauch darin kurz anbraten.
3. Das Fleisch dazugeben und ebenfalls kurz anbraten. Zuckererbsen, Maiskölbchen und Champignons dazugeben und unter Rühren erhitzen.
4. Fischsauce, Zucker, Pfeffer und Sojasauce unterrühren. Die

gekörnte Brühe in dem Wasser auflösen und dazugießen. Kurz aufkochen lassen. Das Stärkemehl mit etwas kaltem Wasser anrühren und untermischen. Kurz kochen lassen.
5. Die Frühlingszwiebeln darüberstreuen und mit Cognac abschmecken.

RINDERHACKFLEISCH MIT CHILISCHOTEN UND BAMBUSSPROSSEN

Nua Pad Prik Noa Mai

Für 4 Personen · Vorbereitungszeit: 20 Minuten · Zubereitungszeit: 15 Minuten

4 Knoblauchzehen · 10 rote oder gelbe Chilischoten · 4 bis 5 Zitronenblätter

3 Basilikumzweige (Bai Kaprau) · 5 Thai-Auberginen · 5 EL Pflanzenöl · 500 g Rinderhackfleisch

200 g Bambussprossen (aus der Dose) · 2 EL Fischsauce

1. Die Knoblauchzehen schälen. Die Chilischoten waschen und die Stielansätze entfernen. Knoblauch und Chilischoten im Mörser fein zerstoßen.
2. Die Zitronenblätter waschen, trockentupfen und die Blätter mit den Händen grob zerkleinern. Die Basilikumzweige waschen,

trockentupfen, die Blätter abzupfen und grob zerkleinern. Die Auberginen waschen und vierteln.
3. Das Öl im Wok erhitzen und die Knoblauch-Chili-Mischung darin kurz anbraten.
4. Das Hackfleisch dazugeben und unter Rühren etwa 3 Minuten anbraten.

5. Bambussprossen und Auberginen dazugeben und mit etwas Wasser aufgießen. Fischsauce dazugeben und unter Rühren 3 bis 5 Minuten kochen lassen.
6. Mit Zitronenblättern und Basilikum abschmecken.

GEBRATENE KALBSLEBER MIT PEPERONI

Tab Pad Prik

Für 4 Personen · Vorbereitungszeit: 20 Minuten · Zubereitungszeit: 15 Minuten

500 g Kalbsleber · 150 g Peperoni · 70 g getrocknete Morcheln · 2 Frühlingszwiebeln · 1 große Zwiebel
3 Knoblauchzehen · 5 EL Pflanzenöl · 3 EL Fischsauce · ½ TL frisch gemahlener Pfeffer

1. Kalbsleber waschen, trockentupfen und in Streifen schneiden. Die Peperoni waschen, die Stielansätze entfernen und die Schoten halbieren. Morcheln 10 Minuten in lauwarmem Wasser einweichen, dann abgießen.
2. Frühlingszwiebeln waschen, putzen und in 3 cm lange Stücke schneiden. Zwiebel und Knoblauchzehen schälen. Die Zwiebel vierteln, den Knoblauch mit einem breiten Messer flachdrücken und fein hacken.
3. Das Öl im Wok erhitzen und den Knoblauch darin kurz anbraten. Die Kalbsleber dazugeben und unter Rühren braten.
4. Nach und nach Zwiebel, Peperoni und Morcheln unter Rühren dazugeben und kurz erhitzen.
5. Mit Fischsauce und Pfeffer abschmecken. Die Frühlingszwiebeln kurz unterrühren.

SCHWEINESPIESSE

Mhu Yang

Für 4 Personen · Vorbereitungszeit: 2 ½ Stunden · Zubereitungszeit: 10 Minuten (Foto: Seite 126)

1 kg Schweinehalsgrat · 2 Korianderwurzeln · 2 Knoblauchzehen · 1 TL Pfeffer · 1 TL gemahlener Zimt
2 EL Zucker · 3 EL helle Sojasauce · 1 TL dunkle Sojasauce · 3 EL Kokossahne · 2 EL Pflanzenöl

1. Das Schweinefleisch waschen, trockentupfen und quer zur Faser in dünne Streifen von etwa 2 bis 3 cm Breite und 7 bis 8 cm Länge schneiden.
2. Die Korianderwurzeln putzen und fein hacken. Die Knoblauchzehen schälen, mit einem breiten Messer flachdrücken und fein hacken.
3. Korianderwurzeln, Knoblauchzehen, Pfeffer, Zimt, Zucker, Sojasauce und die Kokossahne gründlich miteinander vermischen. Fleisch in dieser Marinade etwa 2 Stunden durchziehen lassen.
4. Das Fleisch auf dünne Holzspieße stecken. Die Spieße bei mittlerer Hitze auf jeder Seite etwa 3 bis 4 Minuten über dem Holzkohlenfeuer grillen.

> **N · I · T · A · Y · A**
>
> *Als Beilage gedämpften Klebreis und Papayasalat reichen (siehe Rezept Garnelensalat mit Mango, Seite 27; allerdings statt der Mango eine Papaya verwenden). Am besten schmecken die Schweinespieße, wenn sie über dem Holzkohlengrill gebraten werden. Wenn sie in der Pfanne gebraten werden, muß etwas Öl dazugegeben werden.*

CURRY

Für jeden Geschmack etwas. Auch für jedes Auge. Denn das ißt mit. Die Rede ist von Currys, jenen Gewürzpasten, die in der Thai-Küche unentbehrlich sind. Es gibt rote, gelbe und grüne. Und sie können beliebig zu Fisch, Meeresfrüchten, Fleisch und Geflügel variiert werden. Scharf sind sie alle, und das sollen sie auch sein. In der tropischen Hitze Thailands wirken diese Gewürzpasten antiseptisch. Die Hausfrau rührt sie selbst im Mörser an. In Europa können sie unbedenklich in Thailäden gekauft werden. Die Currys bleiben im Kühlschrank sehr lange frisch, denn sie enthalten (wie z. B. die grüne Paste) neben Pfefferkörnern, Zitronengras, Salz, gehackter Ingwer- und Korianderwurzel, Schalotten und Knoblauch auch zehn frische, grüne Chilischoten. Das konserviert und gibt jene Schärfe, die allenfalls von einem Schuß Kokosmilch gemildert wird. Gelöscht wird mit grünem Tee, Wasser, frisch gepreßtem Saft und Bier. Man blickt in entspannte Gesichter und genießt die Momente, in denen das Brennen immer sanfter wird.

CURRY

HÄHNCHEN MIT GRÜNEM CURRY UND BASILIKUM

Gäng Kiau Wan Gai

Für 4 Personen · Vorbereitungszeit: 30 Minuten · Zubereitungszeit: 10 Minuten

500 g Hähnchenbrustfleisch · 3 bis 4 Zitronenblätter · 2 Basilikumzweige · 1 rote Peperoni · 400 ml Kokosmilch
100 ml Wasser · 1 EL grüne Currypaste · 4 Thai-Auberginen (oder geschälte europäische Auberginen)
2 bis 3 EL Fischsauce · 1 TL Palmzucker

1. Das Hähnchenfleisch in mundgerechte Stücke schneiden. Die Zitronenblätter waschen, trockentupfen und zerkleinern. Die Basilikumzweige waschen, trockentupfen, die Blätter abzupfen und zerkleinern. Peperoni waschen, Stielansatz entfernen, entkernen und in feine Ringe schneiden.
2. Die Kokosmilch mit dem Wasser verrühren. 4 bis 6 EL Kokos-

milch mit der Currypaste bei mittlerer Hitze in einem großen Topf erhitzen. Das Hähnchenfleisch hineingeben und kurz erhitzen. Dann die restliche Kokosmilch unterrühren.
3. Die Auberginen waschen, putzen und in kleine Würfel schneiden. Zusammen mit den Zitronenblättern, der Fischsauce und dem Zucker zum Fleisch

geben und kurz aufkochen lassen. Mit Basilikum und Peperoni abschmecken.

> N · I · T · A · Y · A
> *Statt der Auberginen kann man auch gut Bambussprossen verwenden.*

HÄHNCHEN MIT FRISCHEM INGWER

Gai Bin

Für 4 Personen · Vorbereitungszeit: 20 Minuten · Zubereitungszeit: 10 Minuten

400 g Hähnchenbrustfleisch · 2 frische Ingwerwurzeln · 4 Schalotten · 3 Knoblauchzehen
6 rote und grüne Chilischoten · 4 Zitronenblätter · 3 EL Pflanzenöl · 1 EL Austernsauce · 2 EL Fischsauce
2 EL Currypulver · 1 EL Palmzucker · 50 g Erbsen · 3 EL Cognac

1. Das Hähnchenfleisch in mundgerechte Stücke schneiden. Den Ingwer putzen und in kleine Würfel schneiden. Schalotten und Knoblauch schälen und sehr fein hacken. Chilischoten waschen, Stielansatz entfernen und die Schoten fein hacken. Zitronen-

blätter waschen, trockentupfen und grob zerkleinern.
2. Das Öl im Wok erhitzen. Schalotten, Knoblauch, Chilischoten und den Ingwer darin kurz andünsten. Das Hähnchenfleisch dazugeben und unter Rühren kurz anbraten.

3. Austernsauce, Fischsauce, Curry und Zucker hinzufügen und unter ständigem Rühren erhitzen.
4. Erbsen und Zitronenblätter unterrühren, mit etwas Wasser verdünnen. Kurz aufkochen lassen, mit Cognac abschmecken.

HÄHNCHENCURRY MIT ANANAS

Gäng-Gai Sapparot

Für 4 Personen · Vorbereitungszeit: 30 Minuten · Zubereitungszeit: 10 Minuten (Foto: Seite 131)

400 g Hähnchenbrustfleisch · 200 g feste, geschälte Ananas · 3 bis 4 Zitronenblätter

2 Basilikumzweige (Bai Horapa) · 2 rote Peperoni · 400 ml Kokosmilch · 1 EL rote Currypaste

2 bis 3 EL Fischsauce · 1 bis 2 EL Palmzucker · 50 ml Wasser

1. Das Hähnchenfleisch in mundgerechte Stücke schneiden. Die Ananas in Würfel schneiden. Die Zitronenblätter waschen, trockentupfen und zerkleinern. Basilikumzweige waschen, trockentupfen, die Blätter abzupfen und zerkleinern. Peperoni waschen, Stielansatz entfernen, die Schoten zweimal der Länge nach halbieren und die Kerne entfernen.

2. Etwa 6 bis 8 EL Kokosmilch mit der Currypaste in einem Wok unter Rühren bei mittlerer Hitze 1 bis 2 Minuten erhitzen. Das Hähnchenfleisch dazugeben und kurz erhitzen.
3. Ananas, Fischsauce, Zucker und Zitronenblätter dazugeben. Die restliche Kokosmilch unterrühren, wenn notwendig mit etwas Wasser verdünnen. Alles

kurz aufkochen lassen. Mit Basilikum abschmecken.

N · I · T · A · Y · A
Statt die Ananas in Würfel zu schneiden, kann sie auch durch Schnitzen in eine schöne Form gebracht werden.

CURRY

HÄHNCHEN MIT ROTEM CURRY UND DILL

Gäng Omm Gai

Für 4 Personen · Vorbereitungszeit: 20 Minuten · Zubereitungszeit: 10 Minuten

500 g Hähnchenbrustfleisch · 1 Zitronengrasstengel · 2 Frühlingszwiebeln · 1 Bund Dill · 3 EL Pflanzenöl

1 EL rote Currypaste · ¼ l Hühnerbrühe · 2 bis 3 EL Fischsauce

1. Das Hähnchenfleisch in mundgerechte Stücke schneiden. Das Zitronengras im Mörser zerquetschen und in etwa 5 cm lange Stücke schneiden. Frühlingszwiebeln und Dill waschen, putzen und in 2 bis 3 cm lange Stücke schneiden.

2. Öl und Currypaste in einem Topf bei mittlerer Hitze erhitzen. Hähnchenfleisch dazugeben, kurz anbraten und mit Hühnerbrühe aufgießen. Das Zitronengras dazugeben und etwa 5 Minuten bei niedriger Temperatur ziehen lassen.

3. Mit Fischsauce abschmecken. Vor dem Servieren Dill und Frühlingszwiebeln unterrühren.

> N · I · T · A · Y · A
> *Nur schönen frischen Dill kaufen. Nur so hat er das typische Aroma.*

RINDFLEISCH MIT CURRY

Nua Pad Pongari

Für 4 Personen · Vorbereitungszeit: 20 Minuten · Zubereitungszeit: 10 Minuten

400 g Rindfleisch (aus der Hüfte) · 1 Zwiebel · 3 Knoblauchzehen · 2 Frühlingszwiebeln · 3 EL Pflanzenöl

4 getrocknete Peperoni · 1 TL indisches Currypulver · 1 TL Palmzucker · 2 EL Fischsauce

100 ml Fleischbrühe · 1 Schuß Cognac

1. Das Fleisch in feine Streifen schneiden. Zwiebel und Knoblauchzehen schälen. Den Knoblauch mit einem breiten Messer flachdrücken. Beides in kleine Würfel schneiden. Die Frühlingszwiebeln waschen, putzen und in feine Streifen schneiden.

2. Das Öl im Wok erhitzen und die Peperoni darin kurz anbraten. Aus der Pfanne nehmen und beiseite stellen.

3. Knoblauch, Zwiebel und Curry bei mittlerer Hitze in dem Öl andünsten. Das Fleisch dazugeben und kurz braten.

4. Zucker, Fischsauce und die Brühe dazugeben und alles kurz erhitzen.

5. Frühlingszwiebeln unterrühren und mit Cognac abschmecken. Vor dem Servieren die gebratenen Peperoni darüberstreuen.

> N · I · T · A · Y · A
> *In Thailand schmeckt man dieses Curry mit Thai-Whiskey ab. Ich bevorzuge jedoch den feineren Cognac. Er macht aus diesem Gericht ein ausgewogenes Geschmackserlebnis.*

CURRY

RINDFLEISCH MIT ROTEM CURRY UND ZITRONENBLÄTTERN

Pad Panäng Nua

Für 4 Personen · Vorbereitungszeit: 20 Minuten · Zubereitungszeit: 10 Minuten

600 g Rindfleisch (aus der Hüfte) · 1 rote Peperoni · ½ rote Paprikaschote · 4 bis 5 Zitronenblätter

200 ml Kokosmilch · 1 EL rote Currypaste · 2 EL Fischsauce · 1 TL Palmzucker · 1 TL gemahlener Koriander

1. Das Fleisch in feine Streifen schneiden. Peperoni und Paprikaschote waschen und in Streifen schneiden. Die Zitronenblätter waschen und grob zerkleinern.
2. Die Hälfte der Kokosmilch bei mittlerer Temperatur erhitzen und die Currypaste darin kurz anbraten. Das Rindfleisch dazugeben und 2 Minuten anbraten.
3. Die Fischsauce unterrühren, dann alle übrigen Zutaten dazugeben und kurz aufkochen lassen.

N · I · T · A · Y · A
Wenn man das Gericht etwas abwandeln möchte, kann man auch noch Champignons und Bohnen dazugeben.

RINDFLEISCH MIT GELBEM CURRY UND ANANAS

Gäng Garie Nua

Für 4 Personen · Vorbereitungszeit: 30 Minuten · Zubereitungszeit: 10 Minuten

600 g Rindfleisch (aus der Hüfte) · ¼ Ananas · 2 schnittfeste Tomaten · 400 ml Kokosmilch

50 ml Wasser · 1 EL gelbe Currypaste · 40 g Erbsen (frisch oder tiefgekühlt)

3 bis 4 EL Fischsauce · 1 EL Essig · 1 EL Palmzucker

1. Das Fleisch in feine Streifen schneiden. Die Ananas schälen und in kleine Stücke schneiden. Von den Tomaten die Stielansätze entfernen, die Tomaten in kleine Würfel schneiden.
2. Kokosmilch mit dem Wasser verdünnen. 4 bis 5 EL Kokosmilch bei mittlerer Hitze in einem großen Topf erhitzen. Die Currypaste dazugeben und kurz anbraten.
3. Das Rindfleisch dazugeben und bei großer Hitze kurz anbraten.
4. Alle Zutaten außer den Tomaten hinzufügen und kurz aufkochen lassen. Zum Schluß die Tomatenwürfel untermischen.

N · I · T · A · Y · A
In guten Haushaltswarengeschäften gibt es Ananasschneider. Damit können Sie das Fruchtfleisch der Ananas herausschneiden, ohne die äußere Schale zu verletzen. Diese eignet sich hervorragend, um darin die verschiedensten Thai-Gerichte zu servieren.

RINDFLEISCH MIT ROTEM CURRY UND BAMBUS

Gäng Ped Nua Nomai

Für 4 Personen · Vorbereitungszeit: 20 Minuten · Zubereitungszeit: 15 Minuten (Foto: Seite 134)

400 g Rindfleisch (aus der Hüfte) · 1 rote Peperoni · 4 Zitronenblätter · 2 Basilikumzweige

400 ml Kokosmilch · 1 EL rote Currypaste · 80 g in Streifen geschnittene Bambussprossen (aus der Dose)

1 TL Palmzucker · 3 EL Fischsauce

1. Das Rindfleisch in feine Streifen schneiden. Die Peperoni waschen, Stielansatz und Kerne entfernen und die Schote vierteln. Zitronenblätter und Basilikum waschen, trockentupfen unc zerkleinern.

2. In einem tiefen Topf 100 ml Kokosmilch mit der Currypaste bei mittlerer Temperatur etwas einkochen lassen.
3. Rindfleisch und die Bambussprossen dazugeben und unter Rühren erhitzen.

4. Zucker, Fischsauce, Zitronenblätter und die restliche Kokosmilch dazugeben und kurz aufkochen lassen.
5. Mit Basilikum abschmecken und mit der Peperoni garniert servieren.

CURRY

RINDFLEISCH MIT REISNUDELN UND SOJABOHNENSPROSSEN

Guytiau Pad Kiau Wan

Für 4 Personen · Vorbereitungszeit: 20 Minuten · Zubereitungszeit: 10 Minuten

250 g mittelgroße Reisnudeln · 350 g Rinderfilet · 100 g Sojabohnensprossen · 100 g Tofu

2 Basilikumzweige · 4 Zitronenblätter · 100 ml Kokosmilch · 1 bis 2 EL grüne Currypaste · 3 EL Fischsauce

1 TL Palmzucker · 1 EL Austernsauce

1. Die Reisnudeln 10 Minuten in lauwarmem Wasser einweichen. Abgießen und in 10 bis 15 cm lange Stücke schneiden.
2. Das Fleisch in feine Streifen schneiden. Die Sojabohnensprossen waschen und in einem Sieb abtropfen lassen. Den Tofu in mundgerechte Stücke schneiden. Die Basilikumzweige waschen, trockentupfen, die Blätter abzupfen und zerkleinern. Die Zitronen-

blätter waschen, trockentupfen und grob zerkleinern.
3. Etwa 50 ml Kokosmilch im Wok erhitzen und die Currypaste darin unter Rühren kurz anbraten. Fleisch, Tofu und Fischsauce dazugeben und unter Rühren so lange braten, bis das Fleisch zartrosa ist.
4. Reisnudeln, restliche Kokosmilch, Zucker, Austernsauce und Zitronenblätter dazugeben und

unterrühren. Alles 1 bis 2 Minuten unter Rühren erhitzen.
5. Die Sojabohnensprossen dazugeben und kurz unterrühren. Den Wok vom Herd nehmen und das Basilikum darüberstreuen.

> **N · I · T · A · Y · A**
> *Die Sojabohnensprossen dürfen nicht lange mitgaren, sie müssen noch knackig sein.*

RINDFLEISCH MIT GEBRATENEM REIS

Kao Pad Nua Curry

Für 4 Personen · Vorbereitungszeit: 25 Minuten · Zubereitungszeit: 10 Minuten

400 g Rindfleisch (aus der Hüfte) · 3 Knoblauchzehen · 5 Schalotten · 3 Korianderwurzeln · 2 Frühlingszwiebeln

4 EL Pflanzenöl · 2 TL Currypulver · 500 g gekochter Reis · 2 EL Fischsauce · 2 EL helle Sojasauce

1. Das Fleisch in feine Streifen schneiden. Knoblauchzehen und Schalotten schälen. Die Korianderwurzeln putzen. Knoblauch, Schalotten und Koriander im Mörser fein zerstoßen. Frühlingszwiebeln waschen, putzen und in 1 cm breite Ringe schneiden.

2. Das Öl in einer Pfanne erhitzen und die Knoblauchmischung darin bei mittlerer Hitze andünsten. Curry dazugeben und alles gut verrühren.
3. Das Rindfleisch dazugeben und kurz von allen Seiten anbraten.

4. Den Reis untermischen. Mit Fischsauce und Sojasauce abschmecken. Vor dem Servieren mit Frühlingszwiebeln garnieren.

RINDFLEISCH MIT GRÜNEM PFEFFER

Nua Prik Thai Oan

Für 4 Personen · Vorbereitungszeit: 25 Minuten · Zubereitungszeit: 10 Minuten (Foto: Seite 137)

400 g Rindfleisch (aus der Hüfte) · 25 g frischer grüner Pfeffer · 2 Basilikumzweige · 4 Zitronenblätter

½ rote Paprikaschote · 3 Thai-Auberginen · 3 EL Pflanzenöl · 1 EL rote Currypaste · 3 EL Fischsauce

1 TL Palmzucker · ½ Tasse Fleischbrühe

1. Das Rindfleisch in feine Streifen schneiden. Die Pfefferkörner waschen und von den Rispen streifen. Die Basilikumzweige waschen, trockentupfen, Blätter abzupfen und zerkleinern. Zitronenblätter waschen, trockentupfen und grob zerkleinern. Paprikaschote waschen, Stielansatz und Samenstränge entfernen und die Schote in kleine Würfel schneiden. Auberginen waschen und in kleine Würfel schneiden.

2. Das Öl im Wok erhitzen und die Currypaste darin unter Rühren kurz anbraten. Das Rindfleisch dazugeben und unter Rühren kurz braten.

3. Auberginen, Paprika, Pfeffer und Zitronenblätter dazugeben und kurz mitbraten. Fischsauce und Zucker unterrühren, mit Brühe aufgießen und alles noch einmal kurz kochen lassen. Mit Basilikum abschmecken.

RINDERHACKFLEISCH MIT CHILISCHOTEN UND GRÜNEN BOHNEN

Nua Pad Prik Tuasod

Für 4 Personen · Vorbereitungszeit: 30 Minuten · Zubereitungszeit: 20 Minuten

200 g grüne Bohnen · 3 bis 4 Peperoni · 10 rote Chilischoten · 4 Knoblauchzehen

1 Zwiebel · 3 EL Pflanzenöl · 400 g Rinderhackfleisch · 2 EL Austernsauce · 2 EL Fischsauce

1 TL Zucker · 1 EL dunkle Sojasauce

1. Die grünen Bohnen waschen, putzen und in mundgerechte Stücke schneiden. Peperoni und Chilischoten waschen, Stielansätze entfernen. Die Peperoni in feine Streifen schneiden. Knoblauchzehen und Zwiebel schälen. Knoblauchzehen und Chilischoten im Mörser fein zerstoßen. Die Zwiebel in dünne Streifen schneiden.

2. Das Öl im Wok erhitzen und die Chili-Knoblauch-Mischung darin kurz anbraten.Das Fleisch dazugeben und unter Rühren 5 bis 7 Minuten braten.

3. Austernsauce, Fischsauce, Zucker und Sojasauce dazugeben und alles vermischen.

4. Bohnen, Zwiebel und die Peperoni dazugeben, unter Rühren kurz erhitzen.

> **N · I · T · A · Y · A**
> *Am besten eignen sich für dieses Gericht thailändische Schlangenbohnen. Falls Sie keine bekommen können, sollten Sie keine Stangen-, sondern Buschbohnen verwenden. Diese sind erheblich zarter und von besserem Geschmack.*

CURRY

SPARERIBS MIT ROTEM CURRY UND BITTERGURKE

Gäng Kua Mara

Für 4 Personen · Vorbereitungszeit: 15 Minuten · Zubereitungszeit: 25 Minuten (Foto: Seite 139)

800 g Spareribs · 1 große Bittergurke · 1 Basilikumzweig (Bai Horapa) · 2 Zitronenblätter · 2 bis 3 EL Pflanzenöl

1 EL rote Currypaste · 500 ml Kokosmilch · 3 EL Fischsauce

1. Die Spareribs in kleine Stücke hacken. Die Bittergurke halbieren, entkernen und in kleine Würfel schneiden. Den Basilikumzweig waschen, trockentupfen und die Blätter abzupfen. Die Zitronenblätter waschen, trockentupfen und in sehr feine Streifen schneiden.

2. Das Öl in einer großen Pfanne erhitzen und die Currypaste darin kurz anbraten. Die Spareribs dazugeben und von allen Seiten anbraten.

3. Mit Kokosmilch aufgießen und etwa 15 Minuten kochen lassen.

4. Fischsauce und Bittergurke dazugeben. Noch etwa 5 Minuten ohne Umrühren kochen lassen. Mit Basilikum und Zitronenblättern abschmecken.

GEBRATENE SPARERIBS MIT ROTEM CURRY

Kua Dung Mhu Pad Prik

Für 4 Personen · Vorbereitungszeit: 2 Stunden · Zubereitungszeit: 20 Minuten

800 g Spareribs · 2 Knoblauchzehen · 1 Stück Korianderwurzel · 2 EL Sojasauce · 3 bis 4 Zitronenblätter

2 bis 3 Basilikumzweige (Bai Horapa) · 3 Fingerwurzeln · 3 rote Peperoni · Öl zum Braten · 2 EL rote Currypaste

3 EL Fischsauce · 3 bis 4 grüne Pfefferkörner

1. Die Spareribs in kleine Stücke hacken. Den Knoblauch schälen, mit einem breiten Messer flachdrücken und zusammen mit der geputzten Korianderwurzel fein hacken.

2. Sojasauce, Korianderwurzel und Knoblauch miteinander vermischen und über die Spareribs geben. Etwa 1 bis 2 Stunden durchziehen lassen.

3. Die Zitronenblätter waschen, trockentupfen und zerkleinern. Die Basilikumzweige waschen, trockentupfen, die Blätter abzupfen und zerkleinern. Fingerwurzeln und Peperoni waschen, putzen und der Länge nach in feine Streifen schneiden.

4. Reichlich Öl in einer Pfanne erhitzen und die Spareribs darin goldbraun braten. Aus der Pfanne nehmen und beiseite stellen.

5. Etwas Öl abgießen. Im restlichen Öl die Currypaste kurz anbraten. Fischsauce und etwas Wasser dazugeben und verrühren. Die Spareribs untermischen.

6. Fingerwurzeln, Zitronenblätter, grüne Pfefferkörner und Peperoni dazugeben, alles miteinander vermischen und etwa 2 bis 3 Minuten köcheln lassen. Mit Basilikum abschmecken.

> ### N · I · T · A · Y · A
> *Um sich vor Knochensplittern zu schützen, sollten Sie die Spareribs vom Metzger in die gewünschte Länge sägen lassen.*

CURRY

REISNUDELN MIT ROTEM CURRY UND KOKOSMILCH

Guytiau Krati

Für 4 Personen · Vorbereitungszeit: 30 Minuten · Zubereitungszeit: 10 Minuten

250 g Reisnudeln · 4 EL Pflanzenöl · 2 Eier · 100 g Weißkohl · 3 bis 4 Basilikumzweige · 1 EL rote Currypaste

500 g Kokosmilch · 1 TL Palmzucker · 2 bis 3 EL Fischsauce · 100 g Sojabohnensprossen

1. Die Reisnudeln 10 Minuten in lauwarmem Wasser einweichen. Abgießen und in 10 cm lange Stücke schneiden. Die Nudeln kurz in kochendes Wasser tauchen, abtropfen lassen und mit etwas Öl beträufeln.
2. Die Eier in einer kleinen Schüssel verquirlen. Weißkohl waschen, zerteilen und die

Blätter in feine Streifen schneiden. Basilikumzweige waschen, trockentupfen, die Blätter abzupfen und in sehr feine Streifen schneiden.
3. Das restliche Öl in einem Topf erhitzen und die Currypaste darin bei mittlerer Hitze kurz anbraten. Die Kokosmilch dazugießen und 3 bis 4 Minuten kochen lassen.

4. Die Eier unterrühren und die Sauce mit Zucker und Fischsauce abschmecken. Nicht mehr kochen lassen!
5. Reisnudeln, Sojasprossen, Kohl und Basilikum auf vier Teller verteilen und mit der Eiersauce begießen.

FISCHSUPPE MIT ROTEM CURRY UND GEMÜSE

Gäng Som Pak Ruam

Für 4 Personen · Vorbereitungszeit: 30 Minuten · Zubereitungszeit: 30 Minuten

150 g Blumenkohl · 150 g Chinakohl · 100 g Rettich · 10 getrocknete rote Chilischoten · 1 l Wasser

1 EL rote Currypaste · 500 g Barschfilet · 3 Knoblauchzehen · 6 mittelgroße rote Thai-Zwiebeln oder Schalotten

1 EL Garnelenpaste · 3 EL Tamarindenmus · 2 EL Fischsauce · 1 EL Palmzucker

1. Blumenkohl waschen und in Röschen zerteilen. Chinakohl waschen, die Blätter in 3 bis 4 cm breite Streifen schneiden. Rettich waschen, schälen und in dünne Scheiben schneiden. Die Chilischoten in etwas Wasser einweichen. Aus dem Wasser nehmen, trockentupfen, aufschneiden und die Kerne entfernen.
2. Das Wasser mit der Currypaste zum Kochen bringen und das Barschfilet darin bei geringer

Hitze etwa 10 Minuten ziehen lassen. Die Filets wieder herausheben.
3. Knoblauchzehen und Zwiebeln oder Schalotten schälen. Zusammen mit den Chilischoten und der Garnelenpaste im Mörser zerstoßen oder im Mixer pürieren. Die gegarten Fischfilets dazugeben und untermengen.
4. Die Fischpaste ins kochende Wasser geben, aufkochen lassen. Tamarindenmus, Fischsauce und

Zucker dazugeben und gut verrühren. Das Gemüse dazugeben, umrühren und noch etwa 8 bis 10 Minuten kochen lassen.

N · I · T · A · Y · A
Den Chinakohl kann man auch durch Mangold oder Pak Soi ersetzen, eine in Asien sehr geschätzte Kohlart. Pak Soi ist geschmacklich etwas milder als Chinakohl und entwickelt ein leichtes Spinataroma.

SCHARF GEWÜRZTER ROTBARSCH MIT ROTEM CURRY

Toad Manpla

Für 4 Personen · Vorbereitungszeit: 20 Minuten · Zubereitungszeit: 20 Minuten (Foto: Seite 141)

400 g Rotbarschfilet · 200 g grüne Thai-Bohnen · 2 Fingerwurzeln · 4 Zitronenblätter · 2 EL rote Currypaste
1 TL frisch abgeriebene Zitronenschale · 3 EL Fischsauce · 2 TL Palmzucker · 1 l Öl zum Ausbacken
Für den Dip: 50 g Salatgurke · 3 Schalotten · 1 rote Peperoni · 1 EL gemahlene Erdnüsse · 4 EL Essig

1. Das Rotbarschfilet waschen, trockentupfen und grob zerteilen. Bohnen und Fingerwurzeln waschen und putzen, Zitronenblätter waschen und trockentupfen. Bohnen, Fingerwurzeln und Zitronenblätter fein schneiden.
2. Das Fischfilet mit Fingerwurzeln, Currypaste, Zitronenschale, Fischsauce und Zucker in der Küchenmaschine sehr fein zerkleinern. Die Masse 5 Minuten ruhen lassen, dann Bohnen und Zitronenblätter unterkneten.
3. Für den Dip Gurke und Schalotten schälen. Die Peperoni waschen, Stielansatz und Kerne entfernen. Alles in kleine Würfel schneiden und mit den Erdnüssen und dem Essig vermischen.
4. Aus dem Fischteig kleine Bällchen formen. Das Öl in einer Friteuse erhitzen und die Fischbällchen darin schwimmend ausbacken. Sofort mit dem Dip servieren!

CURRY

GEBRATENES BARSCHFILET MIT ROTEM CURRY UND ZITRONENBLÄTTERN

Pla Pad Prik King

Für 4 Personen · Vorbereitungszeit: 25 Minuten · Zubereitungszeit: 15 Minuten

600 g Barschfilet · 200 g grüne Thai-Bohnen · 10 Zitronenblätter · Öl zum Braten · 1 EL rote Currypaste

2 EL Fischsauce · 1 TL Palmzucker

1. Das Barschfilet in etwa 2 cm dicke Streifen schneiden. Die Bohnen waschen, putzen und in 5 cm lange Stücke schneiden. Die Zitronenblätter waschen und in feine Streifen schneiden.
2. Reichlich Öl in der Pfanne erhitzen und das Barschfilet bei mittlerer Hitze goldbraun braten. Aus der Pfanne nehmen und einen Großteil des Öls abgießen.

3. Im restlichen Öl die Currypaste kurz anbraten. Die Bohnen dazugeben, mit etwas Wasser aufgießen und kurz köcheln lassen.
4. Fischsauce, Zucker und den Fisch dazugeben und alles miteinander vermischen. Etwa 3 bis 5 Minuten kochen lassen. Mit Zitronenblättern bestreut servieren.

> N · I · T · A · Y · A
> *Die hauchdünnen Zitronenblätterstreifen sind nicht nur Dekoration, sondern Sie sollten auf alle Fälle mitgegessen werden, denn sie sind für den Magen gut.*

SCAMPI MIT ANANAS UND BASILIKUM

Gäng Kua Sapparot

Für 4 Personen · Vorbereitungszeit: 20 Minuten · Zubereitungszeit: 15 Minuten (Foto: Seite 143)

500 g rohe, ungeschälte Scampi (ohne Kopf) · 150 g Ananas · 2 Basilikumzweige · 4 Zitronenblätter

250 ml Kokosmilch · 2 EL rote Currypaste · 2 EL Essig · 1 EL Palmzucker · 3 EL Fischsauce

1. Scampi waschen, aus der Schale lösen, halbieren und die Därme entfernen. Die Ananas schälen und in kleine Würfel schneiden. Basilikumzweige waschen, trockentupfen, die Blätter abzupfen und grob zerkleinern. Die Zitronenblätter waschen, trockentupfen und grob zerkleinern.
2. 50 ml Kokosmilch in einem hohen Topf erhitzen. Die rote

Currypaste dazugeben und unter Rühren 1 Minute darin anbraten.
3. Restliche Kokosmilch, Ananas, Zitronenblätter, Essig, Zucker und Fischsauce dazugeben und unter Rühren 1 bis 2 Minuten kochen lassen.
4. Die Scampis dazugeben und 1 bis 2 Minuten in der Kokosmilch garen. Mit Basilikum abschmecken. Das Gericht sollte leicht säuerlich schmecken.

> N · I · T · A · Y · A
> *Für dieses Curry sollten Sie eine wirklich reife und süße Ananas verwenden.*

CURRY

SCAMPI MIT KOKOSMILCH UND ZITRONENBLÄTTERN

Gung Ihudschi

Für 4 Personen · Vorbereitungszeit: 15 Minuten · Zubereitungszeit: 15 Minuten (Foto: Seite 145)

800 g rohe, ungeschälte Scampi (ohne Kopf) · 1 rote Peperoni · 3 bis 4 Zitronenblätter · 400 ml Kokosmilch

1 EL rote Currypaste · 3 bis 4 EL Fischsauce · 2 TL Palmzucker · 1 TL gemahlener Koriander

1. Die Scampi waschen, aus der Schale lösen, halbieren und die Därme entfernen. Peperoni und Zitronenblätter waschen und in feine Streifen schneiden.

2. Etwa 3 bis 4 EL Kokosmilch in einem Topf erhitzen. Die Currypaste bei mittlerer Hitze dazugeben und anbraten. Fischsauce, Zucker und Koriander dazugeben und gut verrühren. Die restliche Kokosmilch dazugießen und aufkochen lassen.

3. Die Scampi untermischen und 1 bis 2 Minuten darin garen. Mit den Zitronenblättern bestreuen.

N · I · T · A · Y · A

Die Zitronenblätter müssen in hauchdünne Streifen geschnitten werden, damit man sie mitverzehren kann. Sie machen dieses Gericht zu einem überaus erfrischendem Genuß. Je nach Geschmack können Sie auch noch frische Korianderblättchen darüberstreuen. Sie verleihen diesem Gericht eine besondere Note.

SÜSSPEISEN

Von den Gemüsemärkten Thailands haben wir bereits geschwärmt. Noch überwältigender ist das Angebot an frischem Obst. Um nur einiges zu nennen: Ananas, Limetten, Guaven, Durian, Jackfrucht, Litschis, Rambutan (ähnlich wie Litschis), Papayas, Kokosnüsse. Und natürlich Bananen. Über 30 verschiedene Sorten wachsen in Thailand. Angesichts dieser Fruchtfülle wird klar, warum die Thais nicht soviel Aufwand bei Desserts entwickeln wie etwa die Franzosen oder Italiener. Der Nachtisch wächst ihnen praktisch in die Küche. Sie müssen nur noch ein wenig variieren. Warum nicht Früchte mit Gemüse? Vielleicht ein wenig Kürbis in Kokosmilch. Oder Melone in Kokosmilch. Oder Wasserkastanien in Sirup. Oder süßer Klebreis mit Longane-Früchten. Die Möglichkeiten sind schier unbegrenzt. Und auch hier ißt das Auge mit. Die Früchte werden oft so kunstvoll und filigran geschnitzt serviert, daß ihr Anblick die Eßlust entscheidend hemmt. Sie sind einfach zu schön.

GEFÜLLTER THAI-KÜRBIS

Sangkaya Faktong

Für 4 Personen · Vorbereitungszeit: 20 Minuten · Zubereitungszeit: 40 Minuten (Foto: Seite 149)

2 mittelgroße Thai-Kürbisse · 4 Eier · 300 ml Kokosmilch · 200 g Palmzucker · 3 Pandanblätter

1. Die Kürbisse waschen und trocknen. Am Stielende jeweils einen Deckel abschneiden und die Kerne mit einem Eßlöffel herauskratzen.

2. Eier, Kokosmilch und Zucker in eine große Schüssel geben. Die Pandanblätter waschen und dazugeben. Alles mit den Händen gut durchkneten, bis die Pandanblätter die Masse aromatisiert haben und die Masse leicht schaumig ist.

3. Durch ein Sieb abgießen, die Schaummasse mit einer Gabel noch einmal gut durchrühren und in die Kürbisse füllen.

4. Wasser im Dämpftopf zum Kochen bringen. Die Kürbisse in einen Dämpfeinsatz oder eine passende feuerfeste Schüssel geben und in den Dämpftopf setzen. Die Kürbisse bei großer Hitze etwa 30 bis 40 Minuten dämpfen.

5. Wenn die Kürbisse vollkommen abgekühlt sind, kann man sie wie eine Torte in Stücke schneiden und servieren.

> **N · I · T · A · Y · A**
> *Zur Dekoration können Sie die Deckel neben die Kürbisse legen. Falls Sie keinen ausreichend großen Topf haben, müssen Sie die Kürbisse nacheinander garen oder zwei Töpfe verwenden.*

KÜRBIS IN KOKOSMILCH

Gäng Buad Faktong

Für 4 Personen · Vorbereitungszeit: 10 Minuten · Zubereitungszeit: 20 Minuten

250 g gelber Kürbis · 100 g Zucker · 500 ml Kokosmilch · 1 Prise Salz

1. Den Kürbis schälen und das Fruchtfleisch in kleine Stücke schneiden.

2. Den Zucker mit der Kokosmilch vermischen und zum Kochen bringen. Salz und Kürbis dazugeben und etwa 15 Minuten kochen lassen. In eine Schüssel füllen und abkühlen lassen.

> **N · I · T · A · Y · A**
> *Das Dessert vor dem Abkühlen in kleine Portionsschälchen füllen und mit Minzeblättern dekoriert servieren.*

MELONE IN KOKOSMILCH

Täng Thai Nam Krati

Für 4 Personen · Vorbereitungszeit: 30 Minuten · Zubereitungszeit: 5 Minuten (Foto: Seite 151)

1 Honigmelone · 400 ml Kokosmilch · 3 EL Palmzucker

3 EL Kokossahne · 400 g zerstoßenes Eis

1. Melone schälen, der Länge nach halbieren und entkernen. Die Hälften entweder in mundgerechte Stückchen schneiden oder mit einem Kugelausstecher Kugeln ausstechen.
2. Die Kokosmilch mit Zucker und Kokossahne unter Rühren leicht erhitzen, bis sich der Zucker aufgelöst hat. Abkühlen lassen.
3. Die Melone in vier kleinen Schalen anrichten. Das zerstoßene Eis daraufgeben und mit der Kokosmilch übergießen.

> **N · I · T · A · Y · A**
> *Besonders edel können Sie ihren Gäste diese Süßspeise anbieten, indem Sie sie in einer geschnitzten Wassermelone servieren. Mit 4 cl Kokoslikör angereichert, schmeckt sie besonders fein.*

WASSERKASTANIEN IN SIRUP

Tab Tim Groab

Für 4 Personen · Vorbereitungszeit: 30 Minuten · Zubereitungszeit: 20 Minuten

250 g geschälte Wasserkastanien · 250 ml Wasser, mit roter Lebensmittelfarbe gefärbt · 60 g Tapiokamehl

150 g Zucker · 200 ml Wasser · 1 Prise Salz · zerstoßenes Eis · 125 ml Kokosmilch

1. Die Kastanien in kleine Würfel schneiden. Für etwa 20 Minuten in das gefärbte Wasser legen, bis sie sich rosa gefärbt haben.
2. Die Kastanien abgießen und mit Tapiokamehl vermischen.
3. Die Kastanien bei mittlerer Hitze in reichlich Wasser kochen lassen, bis sie oben schwimmen. Herausnehmen und sofort mit kaltem Wasser abschrecken.
4. Den Zucker in dem Wasser auflösen und zum Kochen bringen. Abkühlen lassen und mit Salz abschmecken.
5. Die Kastanien auf vier kleine Schalen verteilen. Den Sirup darübergeben und das Eis darüber verteilen. Mit Kokosmilch begießen.

> **N · I · T · A · Y · A**
> *Frisch werden diese Kastanien selten angeboten. Die eingelegten Kastanien aus der Dose bieten hier jedoch einen guten Ersatz.*

THAI-PUDDING MIT KOKOSCREME

Kanom Tah-Goh

Für 4 bis 6 Personen · Zubereitungszeit: 60 Minuten · Kühlzeit: 60 Minuten

150 g Tapiokaperlen · 500 ml Wasser · 200 g Zucker · 100 g geschälte Wasserkastanien

20 g Mais (aus der Dose) · einige Tropfen Jasminextrakt · 400 ml Kokosmilch

1 TL Salz · 3 EL Reismehl

1. Die Tapiokaperlen unter kaltem Wasser abspülen. Das Wasser bei mittlerer Hitze zum Kochen bringen und die Tapiokaperlen darin unter ständigem Rühren so lange kochen, bis sie durchsichtig sind (etwa 15 Minuten).
2. Den Zucker dazugeben und umrühren, bis er sich aufgelöst hat.

3. Die Wasserkastanien in kleine Würfel schneiden und zusammen mit dem Mais unterrühren. So lange kochen lassen, bis die Creme leicht andickt. Die Creme mit ein paar Tropfen Jasminextrakt leicht aromatisieren.
4. Kleine Gläser oder Schalen bis zur Hälfte mit der Masse füllen. Abkühlen lassen.

5. Die Kokosmilch mit Salz und Reismehl bei niedriger Temperatur unter ständigem Rühren etwa 10 Minuten erhitzen. Die Kokoscreme ebenfalls mit ein paar Tropfen Jasminextrakt aromatisieren, dann gleichmäßig auf dem Pudding verteilen. Die obere Schicht soll dünner sein als die untere. Abkühlen lassen.

GEBACKENE BANANEN

Gluay Toad

Für 4 Personen · Vorbereitungszeit: 15 Minuten · Zubereitungszeit: 10 Minuten

4 Bananen · 1 l Öl zum Ausbacken

Für den Teig: 125 g Weizenmehl · 20 g Backpulver · 125 ml Kokosmilch

250 ml Wasser · ½ TL Salz · 45 g Sesamsamen · 3 EL Zucker · 40 g Kokosflocken

50 g Mandelsplitter

1. Die Bananen schälen und der Länge nach jeweils in 4 Scheiben schneiden.
2. Die Zutaten für den Ausbackteig gut miteinander verrühren.

3. Das Öl erhitzen. Die Bananenscheiben im Ausbackteig wenden und im Öl goldbraun backen. Herausnehmen und auf Küchenpapier abtropfen lassen.

N·I·T·A·Y·A
Servieren Sie die Bananen auch einmal mit Kokosraspeln bestreut.

KLEBREIS MIT KOKOSMILCH UND MANGO

Kao Neow Moon

Für 4 bis 6 Personen · Vorbereitungszeit: 5 bis 8 Stunden · Zubereitungszeit: 60 Minuten (Foto: Seite 153)

500 g Klebreis · 500 ml Kokosmilch · 250 g Zucker · 1 EL Salz · 1 Mango · Sesamsamen nach Belieben

1. Den Klebreis 5 bis 8 Stunden in Wasser einweichen. Abgießen.
2. Kokosmilch, Zucker und Salz bei niedriger Hitze unter Rühren zum Kochen bringen, bis Salz und Zucker sich aufgelöst haben. Beiseite stellen.
3. Den Klebreis gleichmäßig in einem Dämpfeinsatz verteilen und 25 bis 30 Minuten über sprudelnd kochendem Wasser dämpfen.

4. Den Reis in eine Schüssel füllen und sofort die Kokossauce untermischen. Zugedeckt etwa 10 bis 15 Minuten ziehen lassen.
5. Die Mango schälen und das Fruchtfleisch dekorativ in Spalten schneiden. Den Klebreis nach Belieben mit Sesamsamen bestreuen.

> N · I · T · A · Y · A
> *Sie können den Klebreis satt der Mango auch mit frischer Ananas servieren.*

SÜSSER KLEBREIS MIT LONGANE-FRÜCHTEN

Khao Neow Piak Lamyai

Für 4 Personen · Vorbereitungszeit: 5 Minuten · Zubereitungszeit: 30 Minuten (Foto: Seite 155)

250 g Klebreis · 750 ml Wasser · 100 g Zucker · 125 ml Kokossahne · 1 Prise Salz

200 g geschälte Longane-Früchte (ohne Kerne) · Sesamsamen nach Belieben

1. Den Klebreis in kaltem Wasser waschen, in einen mittelgroßen Topf geben und mit dem Wasser auffüllen. Unter Rühren köcheln lassen, bis der Reis weich ist. Dann den Zucker untermischen.
2. Die Kokossahne mit dem Salz erhitzen und so lange rühren, bis sich das Salz aufgelöst hat.

3. Die Longane-Früchte unter den Klebreis rühren. Vom Herd nehmen und abkühlen lassen.
4. Den Klebreis mit der Kokossahne anrichten. Nach Belieben mit Sesamsamen bestreuen.

> **N · I · T · A · Y · A**
> *Sollten Sie keine Longane-Früchte bekommen, können Sie auch Litschis oder Rambutan verwenden. Oder Sie greifen auf Longane aus der Dose zurück.*

SÜSSER KLEBREIS MIT MAIS UND THAI-KÜRBIS

Khao Neow Piak Kahao Pot Faktong

Für 4 Personen · Vorbereitungszeit: 15 Minuten · Zubereitungszeit: 20 bis 25 Minuten

150 g Klebreis · 100 g Thai-Kürbis · 100 g frische Maiskörner oder aus der Dose · 300 ml Wasser

150 g Zucker · 300 ml Kokosmilch · 1 Prise Salz

1. Den Klebreis in kaltem Wasser waschen. Den Kürbis waschen, schälen, und in sehr kleine Stückchen schneiden. Die Maiskörner aus der Dose auf einem Sieb abtropfen lassen.
2. Den Klebreis in einen tiefen Topf geben, mit dem Wasser auffüllen und unter Rühren 10 bis 12 Minuten kochen lassen.

3. Den Kürbis dazugeben und unter Rühren etwa 5 Minuten kochen lassen.
4. Maiskörner, Zucker, Kokosmilch und Salz unterrühren und weitere 5 Minuten kochen. Lauwarm oder kalt servieren!

> **N · I · T · A · Y · A**
> *Falls Ihnen der Klebreis nicht süß genug ist, können Sie ihn noch einmal mit Zucker abschmecken.*

EIER IN INGWERSIRUP

Kai wan

Für 4 Personen · Vorbereitungszeit: 20 Minuten · Zubereitungszeit: 5 Minuten

250 ml Wasser, vermischt mit einigen Tropfen Jasminextrakt · 500 g Zucker

5 bis 7 Scheiben Ingwerwurzel · 8 Eier

1. Das Jasminwasser zum Kochen bringen und den Zucker darin unter Rühren auflösen.
2. Den Ingwer dazugeben und etwa 10 Minuten kochen lassen.

3. Eier vorsichtig aufschlagen, in den siedenden Sirup gleiten lassen und so lange pochieren, bis sie wachsweich sind. Noch warm mit dem Sirup servieren.

N · I · T · A · Y · A
Sie sollten kleine, frische Ingwerwurzeln verwenden. Ältere sind leicht faserig und ohne Saft.

EIERCREME MIT TOASTBROT

Sangkaya Kanompang

Für 4 Personen · Vorbereitungszeit: 5 Minuten · Zubereitungszeit: 10 Minuten

2 Eier · 200 ml Kokosmilch · 100 g Zucker · 20 g Kondensmilch · 10 Tropfen Vanillearoma

Toastbrotscheiben, eventuell getoastet

1. Die Eier in einer Schüssel gut verquirlen. Kokosmilch und Zucker dazugeben und alles miteinander verrühren.
2. Die Mischung in einen Topf geben und bei mittlerer Hitze weiterrühren. Die Kondensmilch dazugeben und so lange rühren, bis die Creme sämig wird.

3. Mit Vanillearoma abschmekken, auf das Toastbrot streichen und servieren.

N · I · T · A · Y · A
Eine Süßspeise, die in Thailand nicht nur von Kindern gerne gegessen wird. Sie können diesen Toast auch als Überraschung zum Frühstück servieren.

KARAMELISIERTE KARTOFFELN

Man Rang Nok

Für 4 Personen · Vorbereitungszeit: 20 Minuten · Zubereitungszeit: 30 Minuten

2 EL Salz · 1 l Wasser · 1 kg Kartoffeln · 500 ml Öl zum Braten · 250 g Palmzucker

1. Das Salz im Wasser auflösen. Die Kartoffeln schälen und waschen. Zuerst in dünne Scheiben, dann in Streifen schneiden. Für 5 Minuten in das Salzwasser legen, dann abtropfen lassen.
2. Etwas Öl in einer Pfanne erhitzen und etwa 200 g Kartoffeln darin bei mittlerer Hitze goldbraun braten. Etwa 3 EL Palmzucker dazugeben und unterrühren.

3. Die Kartoffeln aus der Pfanne nehmen und auf Küchenpapier abtropfen lassen. Mit den restlichen Kartoffeln in gleicher Weise verfahren.

N · I · T · A · Y · A
Für diese Süßspeise eignen sich am besten festkochende Kartoffelsorten (zum Beispiel Sieglinde oder Nicola). Mehlige Kartoffeln sind ungeeignet, sie karamelisieren schlecht. Diese Kartoffeln können warm oder lauwarm serviert werden.

SÜSSE KARTOFFELN MIT INGWER

Man Tom King

Für 4 Personen · Vorbereitungszeit: 15 Minuten · Zubereitungszeit: 20 Minuten

600 g süße Kartoffeln · 1 Stück Ingwerwurzel (2 bis 3 cm lang) · 1 l Wasser · 100 g Zucker

1. Die Kartoffeln schälen und in 2 x 4 cm große Stücke schneiden. Ingwer putzen, in Scheiben schneiden und im Mörser zerstoßen.
2. Das Wasser zum Kochen bringen und den Zucker darin unter Rühren auflösen.

3. Kartoffeln und Ingwer dazugeben und etwa 15 Minuten kochen lassen. Warm servieren!

N · I · T · A · Y · A
Ein Dessert, das nicht nur gut schmeckt, sondern auch hilft: Ingwer ist ein gutes Heilmittel gegen Halsschmerzen.

REISMEHLBÄLLCHEN IN KOKOSMILCH

Bua Loi

Für 4 bis 6 Personen · Vorbereitungszeit: 20 Minuten · Zubereitungszeit: 20 Minuten (Foto: Seite 158)

200 g Klebreismehl · etwas Wasser, vermischt mit einigen Tropfen Jasminextrakt · 750 ml Kokosmilch

100 g Palmzucker · 1 Prise Salz

1. Das Klebreismehl mit dem Wasser vermischen und zu einem Teig verkneten.

2. Von dem Teig kleine Stücke abnehmen und zu Bällchen von etwa 1 cm Durchmesser formen. Die Bällchen mit einem feuchten Tuch abdecken.

3. Kokosmilch in einem großen Topf erhitzen. Palmzucker und Salz dazugeben und umrühren, bis sich Salz und Zucker aufgelöst haben.

4. Die Teigbällchen in der Kokosmilch bei mittlerer Hitze kochen, bis die Bällchen oben schwimmen. Heiß servieren!

N · I · T · A · Y · A
Die Bällchen auf Tellern anrichten und mit geriebener Zitronen- oder Limettenschale bestreuen. Das sieht gut aus und verleiht den Bällchen eine frische Note.

MUNGOBOHNEN MIT KOKOSSAHNE

Tau Suan

Für 4 Personen · Vorbereitungszeit: 5 Minuten · Zubereitungszeit: 30 bis 40 Minuten

200 g gespaltene Mungobohnen (Tua Khiew) · 125 ml Kokossahne · 1 Prise Salz · 3 EL Kartoffelmehl

1 l Wasser · 100 g Zucker

1. Mungobohnen waschen und in einem Sieb abtropfen lassen.

2. Die Kokossahne mit Salz unter Rühren kurz aufkochen lassen.

3. Das Kartoffelmehl mit etwas Wasser verrühren.

4. Das restliche Wasser zum Kochen bringen und die Bohnen darin 15 bis 20 Minuten kochen.

5. Den Zucker dazugeben und so lange umrühren, bis er sich aufgelöst hat.

6. Das angerührte Kartoffelmehl dazugeben. So lange rühren, bis die Masse dickflüssig und durchsichtig ist.

7. Vor dem Servieren mit der Kokosmilch übergießen.

SCHWARZE BOHNEN IN SÜSSER KOKOSSAUCE

Gäng Buad Tua Dam

Für 4 Personen · Vorbereitungszeit: 12 Stunden · Zubereitungszeit: 50 Minuten

180 g getrocknete schwarze Bohnen · 400 ml Kokosmilch · 100 g Zucker · 1 Prise Salz

1. Die Bohnen über Nacht in Wasser einweichen. Am nächsten Tag abgießen.

2. Die Bohnen in der Kokosmilch 40 bis 50 Minuten kochen lassen, bis sie weich sind.

3. Den Zucker dazugeben und gut verrühren. Mit etwas Salz abschmecken. Warm servieren!

TAPIOKA MIT MAIS

Sa-Kuh Piak

Für 4 Personen · Vorbereitungszeit: 5 Minuten · Zubereitungszeit: 30 Minuten

120 g Tapiokaperlen · ½ TL Salz · 125 ml Kokosmilch · 1 l Wasser · 150 g Zucker · 100 g Mais (aus der Dose)

1. Die Tapiokaperlen unter kaltem Wasser abspülen.

2. Die Kokosmilch erhitzen, das Salz dazugeben und so lange umrühren, bis es sich aufgelöst hat.

3. Die Tapiokaperlen in das kochende Wasser geben und unter ständigem Rühren etwa 15 Minuten kochen, bis sie durchsichtig sind.

4. Zucker dazugeben und verrühren, bis er sich aufgelöst hat.

5. Mais dazugeben und noch einmal kurz aufkochen lassen. Vor dem Servieren mit der Kokosmilch übergießen.

GLOSSAR

AUBERGINEN

Die thailändischen Sorten sind erheblich kleiner als die europäischen. Sie unterscheiden sich nicht nur in Größe, sondern auch in der Farbe. Neben den auberginenfarbenen gibt es noch grüne, gelbe, weiße und gestreifte Früchte. Die grünen, etwa kirschgroßen Auberginen passen gut zu Entencurrys.

AUSTERNSAUCE

Die dunkelbraune dickflüssige Sauce wird zum Kochen und als Tischwürze verwendet. Für die Herstellung werden Austern in Sojasauce mit verschiedenen Gewürzen eingekocht. Angebrochene Flaschen halten auch ohne Kühlung fast unbegrenzt.

BAMBUSSPROSSEN

Die eßbaren Schößlinge der Bambuspflanze sind meist frisch in Asienläden erhältlich. Oft muß man sich jedoch mit Dosenware begnügen. Man sollte darauf achten, daß die Sprossen im Ganzen konserviert wurden, diese sind knackiger und von feinerem Geschmack.

BANANENBLÄTTER UND -BLÜTEN

Zum schonenden Garen werden in der Thai-Küche Fische in Bananenblätter gewickelt. Sie eignen sich auch als Tischdekoration. Bananenblüten können als Gemüse verzehrt werden.

BASILIKUM

In der thailändischen Küche finden drei verschiedene Sorten Verwendung. Bai Horapa wird auch »süßes Basilikum« genannt und duftet leicht nach Anis. Es kann durch europäisches Basilikum ersetzt werden, das allerdings nicht so intensiv im Aroma ist. Bai Manglak hat leicht behaarte Blätter und ist auch unter der Bezeichnung »weißes Basilikum« bekannt. Es eignet sich gut für Currys und Suppen. Bai Kaprau ist das schärfste und würzigste unter den drei Sorten. Man erkennt es an den rötlich-violetten, kräftigen Stengeln. Hühnerfleisch-Gerichten verleiht es eine besondere Note. Alle drei Basilikumvarianten sind in gut sortierten Asienläden frisch zu bekommen. Man kann sich dort auch die Samen kaufen und das Basilikum selber ziehen.

BITTERGURKEN

Auch Bittermelone genannt. Sie hat einen bitteren Geschmack. Wird mit der Schale wie Zucchini verwendet. Will man die Bitterkeit mildern, empfiehlt es sich, sie zu blanchieren.

BOHNENPASTE

Dicke Würzpaste von kräftigem Geschmack aus fermentierten Sojabohnen. Paßt gut zu Fleisch, Suppen und Gemüsegerichten.

BOHNENQUARK

In Japan Tofu genannt, er hat die Konsistenz von festem Quark, ist schnittfest und wird aus Sojabohnen hergestellt. Er ist von neutralem Geschmack, nimmt aber Gewürze gut an. Man kann ihn frisch in gut sortierten Supermärkten, vor allem in Naturkostläden oder Reformhäusern kaufen.

CHILISAUCE

Fertige Würzsauce aus roten Chilischoten, Essig, Knoblauch und Gewürzen. Gehört zum Würzen auf den Eßtisch. Sie ist in Asienläden und gut sortierten Supermärkten erhältlich.

CHILISCHOTEN

Sie sind ein wichtiger Bestandteil in der Thai-Küche. Die kleinen Sorten, genannt Vogelaugen-Chillies, werden für scharfe Saucen und Gerichte verwendet. Die größeren Sorten sind gut für weniger scharfe Speisen. Große hellgrüne Chillies sind nicht scharf

und können wie Paprikaschoten verwendet werden. Frische Vogelaugen-Chillies können gut eingefroren werden, sie verlieren kaum an Geschmack. Getrocknete Chilisorten werden im Ganzen, geschrotet oder gemahlen angeboten. Sie sind scharf aromatisch bis brennend scharf. In der Dosierung sollte man eher zurückhaltend sein. Um die Schärfe zu mildern, kann man die Kerne entfernen. Anschließend unbedingt die Hände waschen, bei Berührung brennt es sonst höllisch in den Augen oder auf der Zunge.

CURRYPASTEN

Sie sind die Säule vieler Thai-Gerichte. Die Mühe, sie selbst herzustellen, lohnt kaum. Als gutes Fertigprodukt werden sie in Rot, Gelb und Grün angeboten. Beim Dosieren ist Vorsicht geboten, denn sie sind höllisch scharf.

DÄMPFEN

In Thailand werden viele Speisen im Dämpftopf gegart – eine besonders bekömmliche und aromaschonende Garmethode, bei der Vitamine und Mineralstoffe optimal erhalten bleiben. Das Gargut wird dafür in spezielle Dämpfkörbchen oder auf feuerfeste Teller oder Schalen gegeben und in einem genügend großen Dämpftopf über kochendem Wasser gedämpft. Statt eines Dämpftopfs kann man auch einen anderen großen Topf oder einen Wok nehmen, mit wenig Wasser füllen und die Dämpfkörbchen hineinstellen. Mit dem Deckel verschließen und ab und zu überprüfen, ob noch genug Wasser im Topf ist.

EINGELEGTES GEMÜSE

Für viele thailändischen Gerichte wird eingelegtes Gemüse, zum Beispiel Kohl, Rettich und Sojabohnen, als Würze verwendet. Das Gemüse wird gesalzen und in Sojasauce eingelegt. Als Fertigprodukt in Asienläden erhältlich.

ERDNÜSSE

Werden für viele Speisen roh und geschält, meist ungesalzen und manchmal auch geröstet verwendet. Grundlage für die beliebte Erdnußsauce.

ERDNUSSÖL

Die Thais kochen gerne mit diesem Öl. Es hat einen milden Nußton, neutralen Geschmack und verträgt starke Hitze. Für das Kochen im Wok ideal.

ERDNUSS-SAUCE

Frisch geröstete Erdnüsse werden zusammen mit Erdnußöl, Krabbenpaste, Zwiebel, Knoblauch, Chilischoten, Fischsauce und Kokosmilch im Mörser zerstampft. Erdnußsauce ist die ideale Begleiterin von Saté-Spießchen. Als Fertigprodukt in Asienläden erhältlich.

ESSIG

In Thailand wird meist der milde Reisessig (drei Prozent Säure) verwendet. Man kann jedoch auch Obstessig oder ersatzweise Zitronen- bzw. Limonensaft verwenden, um den Gerichten die nötige Säure zu verleihen.

EUROPAGRAS

Siehe Koriander

FINGERWURZELN

Siehe Krachai

FISCHSAUCE

Eine Mischung aus fermentierten Anchovis, Wasser und Salz. Diese Sauce ist ein Universalgenie in der Thai-Küche. Kaum ein Gericht ohne Nam Pla. Der gewöhnungsbedürftige Geruch verliert sich beim Kochen. Die Fischsauce ersetzt in der thailändischen Küche weitgehend das Salz.

GALGANTWURZEL

Sie ist eine Verwandte des Ingwers und wird auch Laoswurzel genannt. Die frischen Triebe haben rosa Spitzen und eine durchscheinende Haut. Galgant hat einen kräftigen, markanten Geschmack und ist in der Thai-Küche nicht wegzudenken. Frischen Galgant vor der Zubereitung waschen und putzen. Nur schälen, wenn die Wurzel nicht mehr ganz so frisch ist. Galgantwurzel ist auch getrocknet und in pulverisierter Form im Handel erhältlich.

GARNELEN, GETROCKNETE

Diese Garnelen sind geschält und in der Sonne getrocknet. Sie werden als Würze in Fisch- und Fleischgerichten und Salaten verwendet. Sie sollten vor der Verwendung in lauwarmem Wasser eingeweicht werden.

GARNELENPASTE

Sie wird aus gesalzenen, getrockneten Garnelen hergestellt und zum Würzen vieler Speisen verwendet. Als Fertigprodukt in Asienläden erhältlich.

GETRÄNKE

In Thailand werden meist Wasser oder Tee zum Essen bevorzugt. Für europäische Gaumen paßt aber auch Bier gut zu den scharfen Speisen.

GLASNUDELN

Die extrem dünnen Nudeln werden aus Mungobohnenmehl hergestellt. Nachdem sie etwa 5 Minuten in Wasser eingeweicht wurden, sind sie durchsichtig wie Glas. Es empfiehlt sich, die extrem langen Nudeln auf eine eßbare Länge zu schneiden. Ihr Geschmack ist neutral.

GLUTAMAT

Fast geruchloses Salz der Glutaminsäure, das zur Geschmacksintensivierung verwendet wird. Vorsichtig dosieren!

HACKMESSER

Ein breites, scharfes Messer ist unentbehrlich zum Kleinschneiden von Gemüse, Fisch und Fleisch oder zum Flachquetschen und Hacken von Knoblauchzehen.

HOI-SIN SAUCE

Ist eine dickflüssige, süßlich-würzige Sauce, die als Marinade oder für gegrilltes Fleisch wie Barbecue-Sauce verwendet wird.

INGWER

In der Thai-Küche ist er unentbehrlich. Er besitzt eine würzige Schärfe und eine leichte Süße. Ingwer verfeinert Suppen, Fleisch- und Fischgerichte. Beim Einkauf sollte man auf frische, saftige

Wurzeln achten. Ingwerwurzeln vor der Zubereitung waschen und putzen. Nur ältere Wurzeln müssen geschält werden.

JASMIN

In der thailändischen Küche werden Wasser und Süßspeisen gerne mit Jasminblüten aromatisiert. Diese sind bei uns nur schwer erhältlich. Als Ersatz kann man Jasminöl verwenden. Vorsichtig dosieren, einige Tropfen genügen!

KAFFIR-ZITRONE

Diese dunkelgrüne, fast saftlose Zitrone wird ausschließlich zum Würzen verwendet. Die Schale verleiht den Speisen einen charakteristischen Geschmack. Als Ersatz eignen sich Limonen nur bedingt.

KOKOSMILCH

Wird aus dem Fruchtfleisch frischer Kokosnüsse hergestellt. Das Fleisch wird mit einer Küchenreibe geraspelt, mit heißem Wasser vermischt und ausgedrückt. Gibt es auch fertig in Dosen als Milch und in konzentrierter Form als Creme (Kokossahne) in Asienläden. Es ist auf ungezuckerte Ware zu achten. Kokosmilch wird auch verwendet, um die Schärfe von Curry-Gerichten zu mildern.

KORIANDERGRÜN

In Thailand kennt man zwei Sorten, den feinblättrigen, der unserer glatten Petersilie ähnlich sieht, und den Pakchi Farang, der längliche, spitz zulaufende Blätter hat, die an den Rändern leicht gezackt sind. In Asienläden auch unter der Bezeichnung »Europagras« erhältlich. Sein Geschmack ist säuerlich, etwas scharf. Häufig wird er gehackt in kalten Salaten oder Gerichten verwendet. Beim Einkauf sollte man auf grüne Blätter achten. Gelbe Blätter deuten auf zu lange Lagerung hin und sind ohne Aroma. Den Feinblättrigen kann man gut in Blumentöpfen aus Samen selbst ziehen. Koriandergrün eignet sich nicht zum Einfrieren, es verliert dabei den Geschmack völlig.

KRACHAI

Ihrer Form wegen auch Fingerwurzeln genannt. Gehören zur Familie des Ingwers, sind jedoch milder im Geschmack. Vor der Verwendung waschen, putzen und kleinschneiden.

LIMONE

Kleine, grüne zitronenähnliche Zitrusfrucht, deren Saft für viele thailändischen Gerichte benötigt wird, um diesen die erforderliche Säure zu verleihen. Kann notfalls durch Zitrone ersetzt werden, die jedoch lange nicht so aromatisch ist.

LONGANE

Kirschgroße Früchte mit brauner Haut, die Litchis sehr ähneln. Man muß sie schälen und die Kerne entfernen. Auch geschält in Dosen erhältlich.

MASSAMAN-PASTE

Currypaste aus Chilischoten, üppig vielen Knoblauchzehen, Zitronengras, Koriander und zahlreichen Gewürzen. Als Fertigprodukt in Asienläden erhältlich.

MÖRSER

Eines der wichtigsten Küchengeräte in Thailand. Erforderlich für die Zubereitung der Curry- und Chilipasten sowie zum Zerstoßen von Zitronengras, Ingwer, Galgant, Knoblauch, Chilischoten und vielen Gewürzen.

ÖL

In Thailand wird zum Braten geschmacksneutrales Pflanzenöl, meist Erdnußöl, verwendet. Sie können jedoch auch Maiskeimöl oder Sonnenblumenöl verwenden.

PALMZUCKER

Wird aus den Früchten spezieller Palmen gewonnen. Der Fruchtsaft wird zu einer dickflüssigen Masse eingekocht und getrocknet. Wird in Thailand als Würze verwendet. Ersatz: brauner Rohrzucker.

PANDANBLÄTTER

Die stark aromatischen, langen grünen Blätter werden zum Würzen von Speisen verwendet. Sie müssen gequetscht und mit den Händen gerieben werden, damit sie ihr Aroma an die Speisen abgeben. Können nicht mitverzehrt werden.

PFANNENRÜHREN

Die beliebteste Garmethode in Thailand. Dabei werden die mundgerecht geschnittenen Zutaten unter ständigem Rühren mit einem Holzspatel in sehr heißem Öl im Wok gegart. Bei dieser Methode ist die Garzeit sehr kurz. Das Gemüse muß knackig sein, Fleisch und Fisch bleiben saftig. Frühlingszwiebeln, gebratener Knoblauch, Basilikum und Kerbelblättchen werden stets erst ganz zum Schluß untergerührt.

POMFRET

Auch Butterfisch genannt, ist ein in Thailand sehr beliebter Seefisch mit festem weißem Fleisch. Bei uns leider nicht überall erhältlich. Zu ersetzen am besten durch Heilbutt oder Seeteufel.

REIS

Ist unverzichtbarer Bestandteil jeder Mahlzeit in Thailand. Schon zum Frühstück kommt er auf den Tisch, spielt aber auch den ganzen Tag über eine Hauptrolle beim Essen. Dient auch zum »Entschärfen« atemberaubender Curry-Gerichte.
Duftreis ist die beliebteste Sorte in Thailand. Dieser Langkornreis verströmt beim Kochen einen exotischen Duft. Duftreis ist in Asienläden zu beziehen. Eine besondere Art von Rundkornreis ist der Klebreis, der beim Kochen glasig und klebrig wird. Er erfreut sich in der Küche Nordthailands großer Beliebtheit. Im Süden wird Klebreis nur in Verbindung mit süßen Desserts geschätzt.

REIS, GERÖSTET

Ungegarter Klebreis wird ohne Fett in einer Pfanne erhitzt, bis er goldbraun ist. Abgekühlt gibt man ihn in einen Mörser und zerstößt ihn grob.

REIS KOCHEN

Duftreis wird zubereitet wie gewöhnlicher Langkornreis: Den Reis vor dem Kochen gut waschen, in einen hohen Topf oder den Wok geben und mit soviel Wasser aufgießen, daß das Wasser etwa 1 cm hoch über dem Reis steht. Zugedeckt und ohne Salz kochen, zwischendurch immer wieder prüfen, ob der Reis gar ist bzw. gegebenenfalls etwas Wasser nachgießen. Junger Reis benötigt weniger, älterer Reis mehr Wasser. Man rechnet 50 bis 80 g Reis pro Kopf, wenn der Reis als Beilage gereicht wird.

Klebreis muß vor der Zubereitung 8 bis 12 Stunden, am besten über Nacht, in kaltem Wasser eingeweicht werden (falls er nicht laut Rezept gekocht wird). Hat man nicht so viel Zeit zur Verfügung, legt man ihn in lauwarmes Wasser und weicht ihn darin 5 bis 6 Stunden ein. Eingeweichten Klebreis immer nur dämpfen, nicht kochen.

REISMEHL

Wird aus einfachem Langkornreis hergestellt und für manche Teige und als Bindemittel verwendet. Kann notfalls durch Maisstärke ersetzt werden.

REISNUDELN

Aus Reismehl hergestellte Nudeln. Es gibt sie in den unterschiedlichsten Formen. Vor ihrer Verwendung müssen sie etwa 10 Minuten in warmem Wasser quellen.

SCHLANGENBOHNEN

Siehe Thai-Bohnen

SCHWARZE BOHNEN

Durch Fermentierung schwarz gewordene Sojabohnen. Sie finden in der Thai-Küche als Würze in Fleisch- oder Fischgerichten Verwendung. Auch als Dessert haben sie eine Chance.

SEETANG

Auch Noriblätter genannt. Sie sind in getrocknetem Zustand im Handel. Die dünnen Blätter können in Wasser eingeweicht zu Gemüsegerichten oder trocken in Streifen geschnitten in Suppen verwendet werden. Sie geben Speisen eine Brise Meer.

SESAMÖL

Es wird aus gerösteten Sesamsamen hergestellt. Es ist dickflüssig und von dunkeloranger Farbe. Kann nicht zum Braten verwendet werden, da es schnell verbrennt. Als Würze ist es in geringen Dosen unerläßlich.

SOJASAUCE

Hat in der Thai-Küche keine tragende Rolle. Wird aber gerne in geringen Dosen als zusätzliche Würze verwendet. Im Handel werden hauptsächlich zwei Sorten angeboten. Die dunkle Sojasauce ist dickflüssig, von intensiver Würzkraft und eher für pfannengerührte Gerichte geeignet. Die helle Sojasauce ist dünnflüssig und von leichterem Geschmack. Sie eignet sich vorwiegend für Salate und kalte Vorspeisen.

STÄBCHEN

Werden in Thailand nur für Nudelgerichte verwendet. Alle anderen Speisen werden mit Löffel und Gabel serviert.

STERNANIS

Die in einer sternförmigen, rotbräunlichen Schote steckenden Samen haben einen intensiven Geruch nach Anis. Als Gewürz in Currys oder Suppen kommt der ausgeprägte Duft von Sternanis voll zur Geltung. Im Handel ist er ganz oder pulverisiert zu bekommen. Vor dem Servieren entfernen.

STROHPILZE

Sie werden auf Reisstroh gezüchtet. Die kleinen eierförmigen Pilze haben einen angenehmen Pilzgeschmack. Werden nicht frisch angeboten. Als Dosenware im Handel erhältlich.

TAMARINDE

Das Fruchtfleisch der Tamarindenschote verleiht Speisen einen angenehm säuerlichen Geschmack. Tamarinde wird meist in getrocknetem Zustand angeboten. Man muß sie vor Gebrauch in heißem Wasser einweichen, den aufgelösten Fruchtsaft durch ein Sieb abgießen. Dosierung je nach Geschmack. Ersatzweise Essig oder Limettensaft.

TAPIOKAMEHL UND -PERLEN

Werden aus der Maniokwurzel gewonnen. Tapiokamehl besitzt viel Stärke und wird zum Binden verwendet. Für die Tapiokaperlen wird das angerührte Stärkemehl durch spezielle Formen gepreßt und getrocknet.

THAI-BOHNEN

Diese etwa 50 cm langen grünen Bohnen werden auch Schlangenbohnen genannt. Blanchiert und in etwa 5 cm lange Stücke geschnitten, passen sie ideal zu Rindercurrys. Sie sind feiner und aromatischer im Geschmack als unsere grünen Bohnen, können notfalls aber durch diese ersetzt werden.

THAI-BROKKOLI

Der thailändische Brokkoli unterscheidet sich erheblich vom europäischen Brokkoli. Verwendet werden die zarten Blätter und die Blüten.

THAI-KNOBLAUCH UND -SCHALOTTEN

Die thailändischen Knoblauch- und Schalottensorten sind kleiner und milder im Geschmack als die europäischen, können durch diese jedoch notfalls ersetzt werden. In Öl goldbraun gebratener Knoblauch wird für viele Gerichte zum Würzen und Abschmecken verwendet.

THAILÄNDISCH TAFELN

Den Mittelpunkt jeder thailändischen Mahlzeit bildet der Reis. Dazu werden mehrere Gerichte gereicht, die geschmacklich aufeinander abgestimmt sind. Eine Suppe darf dabei niemals fehlen, ein Curry-

Gericht, Fisch, Fleisch und Geflügel gehören ebenso dazu wie Salat und ein bis zwei Saucen und Dips. Alle Gerichte kommen gleichzeitig auf den Tisch und jeder bedient sich selbst nach Belieben. Eine bestimmte Menüreihenfolge kennt man in Thailand nicht.

THAI-ZWIEBELN

Zum Kochen werden meist kleine scharfe Würzzwiebeln verwendet. Diese roten Zwiebeln haben etwa die Größe von Schalotten.

TONGKU-PILZE

Werden bei uns frisch als Shiitake angeboten – auch in Supermärkten. Der Baumpilz hat eine dunkelbraune Kappe und einen ledrigen Stiel. Getrocknet und in lauwarmem Wasser eingeweicht, kommt sein Geschmack am besten zur Geltung.

WASSERKASTANIEN

Maronenartige Früchte einer asiatischen Wasserpflanze. Geschält haben sie ein weißes, nußartig knackiges Fleisch. Sie werden beim Kochen wie Gemüse verwendet. Bei uns in Dosen erhältlich, kaum frisch.

WOK

Die Zauberpfanne Wok ist ein jahrtausendealtes Kochgerät und aus der asiatischen Kochkultur nicht wegzudenken. Er besteht aus Gußeisen bzw. dünnem Metall, das sich schnell und gleichmäßig erhitzt. Der Boden war ursprünglich abgerundet, doch da diese Form für unsere Herde nicht geeignet ist, haben die bei uns im Handel erhältlichen Woks

alle einen abgeflachten Boden, so daß sie auch auf die Herdplatte gestellt werden können. Die mundgerecht geschnittenen Zutaten werden im Wok unter Rühren bei großer Hitze in sehr kurzer Zeit gegart. Eine fettarme und sehr bekömmliche Zubereitungsweise.

ZITRONENBLÄTTER

Es handelt sich um die Blätter des Kaffir-Zitronenbaumes. Sie werden frisch in feinste Streifen geschnitten und über die Speisen gestreut. Bei Currys werden sie als Ganzes mitgekocht. Diese hocharomatischen Blätter sind durch nichts zu ersetzen. Sie sind in Asienläden frisch im Angebot.

ZITRONENGRAS

Es stammt ursprünglich aus Kambodscha. Die schilfähnliche Pflanze hat ein angenehmes zitroniges Aroma. In der Küche sollte man nur den unteren hellen Teil des Grases verwenden. Wird entweder in feine Streifen geschnitten oder gehackt und mitgegart, oder im Mörser leicht zerstoßen und in grobe Streifen geschnitten. In diesem Fall vor dem Servieren entfernen. Zitronengras wird frisch oder getrocknet angeboten.

ALPHABETISCHES REZEPTREGISTER

Austernpilze mit Chilischoten 62

Bananen, gebackene 152

Barschfilet

– gebratenes, mit rotem Curry und
Zitronenblättern 142

– gebratenes, mit Sellerie 89

– mit Sellerie und Bohnen 89

Bohnen, schwarze, in süßer Kokossauce 159

Bunter Salat mit Hähnchenfleisch 24

Chili-Dip 37

Chili-Dip, süßer 98

Chiligewürzmischung 36

Chilisauce, frische 37

Chinesische gelbe Nudeln mit Speck 79

Dip mit Erdnüssen und Chilischoten 37

Dorschfilet

– mit Gemüse 86

– mit Ingwer 87

– mit Ingwer und Kokossauce 87

Eier

– gedämpfte, mit Krebsfleisch 69

– in Ingwersirup 156

Eiercreme mit Toastbrot 156

Eingelegtes Rinderfilet mit geröstetem Reis
und Pfefferminze 122

Ente

– knusprige, mit Tamarindensauce 114

– mit Kokosmilch, Ananas und Basilikum 111

– mit Sojasauce und Anis 113

– süßsauer mit Ananas 112

Entenbrustsalat 24

Entensalat, pikanter, mit Zitronenblättern
und Pfefferminze 26

Erdnuß-Sauce 35

Feine Reisnudeln mit Sojabohnensprossen 77

Fischsuppe mit rotem Curry und Gemüse 140

Fleischsuppe, gemischte, mit Rettich 56

Forelle mit Ingwer 86

Frische Chilisauce 37

Garnelen

– gebratene, mit Gewürzen 98

– in Tamarindensauce 99

Garnelensalat mit frischer Mango 27

Garnelensuppe

– mit Nudeln 45

– mit Zitronengras 44

Gebackene Bananen 152

Gebackene Scampi 31

Gebackener Klebreis mit Schweinehackfleisch 34

Gebratene Garnelen mit Gewürzen 98

Gebratene Kalbsleber mit Peperoni 127

Gebratene Reisnudeln mit Gemüse 75

Gebratene Reisnudeln mit Meeresfrüchten
und Basilikum 72

Gebratene Reisnudeln mit Rindfleisch und Paprika 78

Gebratene Spareribs mit rotem Curry 138

Gebratene Zucchini mit Eiern und Garnelen 66

Gebratener eingelegter Kohl mit Eiern 65

Gebratener Kürbis mit Eiern 67

Gebratenes Barschfilet mit rotem Curry und
Zitronenblättern 142

Gebratenes Barschfilet mit Sellerie 89

Gebratenes getrocknetes Rindfleisch 124

Gedämpfte Eier mit Krebsfleisch 69

Gedämpfte Rindfleischsuppe 57

Gedünstete Sojabohnensprossen mit Speck 31

Gedünstetes Gemüse 62

Gedünstetes Rindfleisch mit vielen Gewürzen 119

Gefüllte Kokosnuß mit Reis und Krabben 63

Gefüllte Omeletts 68

Gefüllte Reispapierröllchen 32

Gefüllter Klebreis 82

Gefüllter Thai-Kürbis 148

Gegrillte Riesengarnelen mit süßem Chili-Dip 98

Gemischte Fleischsuppe mit Rettich 56

Gemüse

– gedünstetes 62

– mit pikanter Sauce 66

– mit scharfer Sauce 65

Geschmorte Scampi mit Austernsauce 95
Geschmortes Rindfleisch 121
Glasnudeln
– mit Gemüse und Gewürzen 79
– scharfe, mit Zitronengras und Zitronenblättern 81
Glasnudelsalat 22
Glasnudelsuppe, scharfsaure, mit Hähnchenfleisch 54
Gurkensuppe 42
Grillhähnchen auf thailändische Art 109
Hähnchen
– mit allerlei Gewürzen 107
– mit Cashewnüssen 106
– mit chinesischer Gurke 105
– mit frischem Dill 109
– mit frischem Ingwer 130
– mit grünem Curry und Basilikum 130
– mit rotem Curry und Dill 132
– mit scharfem Basilikum 104
– mit Wasserkastanien 106
– süß mit gerösteten Peperoni 107
– süßsaures, mit Gemüse 104
– und Thai-Kürbis in Kokosmilch 51
Hähnchencurry mit Ananas 131
Hähnchenspieße 34
Honigsauce 36
Hühnersuppe
– mit Bananenblüten 54
– mit Bittergurke und Pilzen 51
– mit eingelegten Limetten 49
– mit Galgantwurzel und Kokosmilch 48
– saure, mit Kräutern 49
Kalbsleber, gebratene, mit Peperoni 127
Kalbslebersuppe 59
Karamelisierte Kartoffeln 157
Kartoffeln
– karamelisierte 157
– süße, mit Ingwer 157
Klebreis
– gebackener, mit Schweinehackfleisch 34
– gefüllter 82
– mit frischen Kokosraspeln 82
– mit Kokosmilch und Mango 153

– süßer, mit Longane-Früchten 154
– süßer, mit Mais und Thai-Kürbis 154
Knusprige Ente mit Tamarindensauce 114
Kohl, gebratener eingelegter, mit Eiern 65
Kokosnuß, gefüllte, mit Reis und Krabben 63
Kürbis
– gebratener, mit Eiern 67
– in Kokosmilch 148
Lachsfilet mit Zitronensauce und Basilikum 88
Meeresfrüchtesalat 29
Meeresfrüchtesuppe 46
Melone in Kokosmilch 150
Mungobohnen mit Kokossahne 159
Nudeln, chinesische gelbe, mit Speck 79
Omeletts
– gefüllte 68
– mit Muschelfleisch 68
Peperoni-Gurken-Sauce, pikante 39
Peperonisalat mit Garnelen 27
Pikante Peperoni-Gurken-Sauce 39
Pikanter Entensalat mit Zitronenblättern
und Pfefferminze 26
Pilzsuppe mit Basilikum und Krabben 42
Pomfret
– mit Gewürzen 90
– mit Thai-Schalotten und Basilikum 92
Reismehlbällchen in Kokosmilch 158
Reisnudeln
– feine, mit Sojabohnensprossen 77
– gebratene, mit Gemüse 75
– gebratene, mit Meeresfrüchten und Basilikum 72
– gebratene, mit Rindfleisch und Paprika 78
– mit Brokkoli und Eiern 75
– mit frischem Thai-Basilikum 77
– mit Garnelen, Pilzen und Bambussprossen 74
– mit Krabben und Sojabohnensprossen 74
– mit Rindfleisch 78
– mit rotem Curry und Kokosmilch 140
Reisnudelsuppe, scharfsaure, mit
Hähnchenfleisch 52
Reispapierröllchen, gefüllte 32
Reispapiertäschchen mit Garnelen 32

Reissuppe mit Garnelen 43

Riesengarnelen, gegrillte, mit süßem Chili-Dip 98

Rinderfilet, eingelegtes, mit geröstetem Reis
und Pfefferminze 122

Rinderhackfleisch

– mit Chilischoten und Bambussprossen 125

– mit Chilischoten und grünen Bohnen 136

Rindfleisch

– gebratenes getrocknetes 124

– gedünstetes, mit vielen Gewürzen 119

– geschmortes 121

– mit Basilikum 119

– mit Curry 132

– mit dreierlei Gemüse 125

– mit Erdnuß-Sauce 118

– mit gebratenem Reis 135

– mit gelbem Curry und Ananas 133

– mit grünem Pfeffer 136

– mit Ingwer 118

– mit Kokosmilch und jungen Tamarindenblättern 124

– mit Reisnudeln und Sojabohnensprossen 135

– mit Reisnudeln und Brokkoli 121

– mit rotem Curry und Bambus 134

– mit rotem Curry und Zitronenblättern 133

Rindfleischsalat 22

Rindfleischsuppe, gedämpfte 57

Rotbarsch, scharf gewürzter, mit rotem Curry 141

Salat, bunter, mit Hähnchenfleisch 24

Sauce, scharfe 65

Saure Hühnersuppe mit Kräutern 49

Scampi

– gebackene 31

– geschmorte, mit Austernsauce 95

– mit Ananas und Basilikum 142

– mit Knoblauch und Thai-Koriander 96

– mit Kokosmilch und Zitronenblättern 144

– mit Strohpilzen 96

Scampisalat 29

Schalotten-Peperoni-Sauce 39

Scharf gewürzter Rotbarsch mit rotem Curry 141

Scharfe Glasnudeln mit Zitronengras und
Zitronenblättern 81

Scharfe Sauce 65

Scharfsaure Glasnudelsuppe mit Hähnchenfleisch 54

Scharfsaure Reisnudelsuppe mit Hähnchenfleisch 52

Schwarze Bohnen in süßer Kokossauce 159

Schweinespieße 127

Seetangsuppe 45

Seezunge mit Tamarindensauce 90

Shrimpssalat 28

Sojabohnensprossen, gedünstete, mit Speck 31

Sojasauce, süße schwarze, mit Ingwer 39

Spareribs

– gebratene, mit rotem Curry 138

– mit rotem Curry und Bittergurke 138

Spareribssuppe mit Zitronengras
und Glasnudeln 59

Spinat mit eingelegten gelben Bohnen 63

Sukijaki nach chinesischer Art 56

Süße Kartoffeln mit Ingwer 157

Süße schwarze Sojasauce mit Ingwer 39

Süßer Chili-Dip 98

Süßer Klebreis

– mit Longane-Früchten 154

– mit Mais und Thai-Kürbis 154

Süßsaures Hähnchen mit Gemüse 104

Tapioka mit Mais 159

Thai-Kürbis, gefüllter 148

Thai-Pudding mit Kokoscreme 152

Tintenfisch

– mit frischen Peperoni und Basilikum 94

– mit Knoblauch und Pfeffer 94

Venusmuscheln mit Basilikum 100

Wachtel mit Knoblauch 110

Wachteleiersuppe 48

Wasserkastanien in Sirup 150

Zucchini, gebratene, mit Eiern und Garnelen 66

Zucchinisuppe mit getrockneten Garnelen 43

REGISTER NACH KAPITELN

VORSPEISEN

Bunter Salat mit Hähnchenfleisch 24
Entenbrustsalat 24
Garnelensalat mit frischer Mango 27
Gebackene Scampi 31
Gebackener Klebreis mit Schweinehackfleisch 34
Gedünstete Sojabohnensprossen
mit Speck 31
Gefüllte Reispapierröllchen 32
Glasnudelsalat 22
Hähnchenspieße 34
Meeresfrüchtesalat 29
Peperonisalat mit Garnelen 27
Pikanter Entensalat mit Zitronenblättern
und Pfefferminze 26
Reispapiertäschchen mit Garnelen 32
Rindfleischsalat 22
Scampisalat 29
Shrimpssalat 28

SAUCEN

Chili-Dip 37
Chiligewürzmischung 36
Dip mit Erdnüssen und Chilischoten 37
Erdnuß-Sauce 35
Frische Chilisauce 37
Honigsauce 36
Pikante Peperoni-Gurken-Sauce 39
Schalotten-Peperoni-Sauce 39
Süße schwarze Sojasauce mit Ingwer 39

SUPPEN

Garnelensuppe
– mit Nudeln 45
– mit Zitronengras 44
Gedämpfte Rindfleischsuppe 57
Gemischte Fleischsuppe mit Rettich 56
Gurkensuppe 42
Hähnchen und Thai-Kürbis in Kokosmilch 51

Hühnersuppe
– mit Bananenblüten 54
– mit Bittergurke und Pilzen 51
– mit eingelegten Limetten 49
– mit Galgantwurzel und Kokosmilch 48
Kalbslebersuppe 59
Meeresfrüchtesuppe 46
Pilzsuppe mit Basilikum und Krabben 42
Reissuppe mit Garnelen 43
Saure Hühnersuppe mit Kräutern 49
Scharfsaure Glasnudelsuppe mit Hähnchenfleisch 54
Scharfsaure Reisnudelsuppe mit Hähnchenfleisch 52
Seetangsuppe 45
Spareribssuppe mit Zitronengras und Glasnudeln 59
Sukijaki nach chinesischer Art 56
Wachteleiersuppe 48
Zucchinisuppe mit getrockneten Garnelen 43

GEMÜSE & EIER

Austernpilze mit Chilischoten 62
Gebratene Zucchini mit Eiern und Garnelen 66
Gebratener eingelegter Kohl mit Eiern 65
Gebratener Kürbis mit Eiern 67
Gedämpfte Eier mit Krebsfleisch 69
Gedünstetes Gemüse 62
Gefüllte Kokosnuß mit Reis und Krabben 63
Gefüllte Omeletts 68
Gemüse
– mit pikanter Sauce 66
– mit scharfer Sauce 65
Omeletts mit Muschelfleisch 68
Spinat mit eingelegten gelben Bohnen 63

REIS & NUDELN

Chinesische gelbe Nudeln mit Speck 79
Feine Reisnudeln mit Sojabohnensprossen 77
Gebratene Reisnudeln
– mit Gemüse 75
– mit Meeresfrüchten und Basilikum 72
– mit Rindfleisch und Paprika 78

Gefüllter Klebreis 82

Glasnudeln mit Gemüse und Gewürzen 79

Klebreis mit frischen Kokosraspeln 82

Reisnudeln

– mit Brokkoli und Eiern 75

– mit frischem Thai-Basilikum 77

– mit Garnelen, Pilzen und Bambussprossen 74

– mit Krabben und Sojabohnensprossen 74

– mit Rindfleisch 78

Scharfe Glasnudeln mit Zitronengras und
Zitronenblättern 81

FISCH & MEERESFRÜCHTE

Barschfilet mit Sellerie und Bohnen 89

Dorschfilet

– mit Gemüse 86

– mit Ingwer 87

– mit Ingwer und Kokossauce 87

Forelle mit Ingwer 86

Garnelen in Tamarindensauce 99

Gebratene Garnelen mit Gewürzen 98

Gebratenes Barschfilet mit Sellerie 89

Gegrillte Riesengarnelen mit süßem Chili-Dip 98

Geschmorte Scampi mit Austernsauce 95

Lachsfilet mit Zitronensauce und Basilikum 88

Pomfret

– mit Gewürzen 90

– mit Thai-Schalotten und Basilikum 92

Scampi

– mit Knoblauch und Thai-Koriander 96

– mit Strohpilzen 96

Seezunge mit Tamarindensauce 90

Tintenfisch

– mit frischen Peperoni und Basilikum 94

– mit Knoblauch und Pfeffer 94

Venusmuscheln mit Basilikum 100

GEFLÜGEL

Ente

– mit Kokosmilch, Ananas und Basilikum 111

– mit Sojasauce und Anis 113

– süßsauer mit Ananas 112

Grillhähnchen auf thailändische Art 109

Hähnchen

– mit allerlei Gewürzen 107

– mit Cashewnüssen 106

– mit chinesischer Gurke 105

– mit frischem Dill 109

– mit scharfem Basilikum 104

– mit Wasserkastanien 106

– süß mit gerösteten Peperoni 107

Knusprige Ente mit Tamarindensauce 114

Süßsaures Hähnchen mit Gemüse 104

Wachtel mit Knoblauch 110

FLEISCH

Eingelegtes Rinderfilet mit geröstetem Reis
und Pfefferminze 122

Gebratene Kalbsleber mit Peperoni 127

Gebratenes getrocknetes Rindfleisch 124

Gedünstetes Rindfleisch mit vielen Gewürzen 119

Geschmortes Rindfleisch 121

Rinderhackfleisch mit Chilischoten und
Bambussprossen 125

Rindfleisch

– mit Basilikum 119

– mit dreierlei Gemüse 125

– mit Erdnuß-Sauce 118

– mit Ingwer 118

– mit Kokosmilch und jungen
Tamarindenblättern 124

– mit Reisnudeln und Brokkoli 121

Schweinespieße 127

CURRY

Ente mit Kokosmilch, Ananas und Basilikum 111

Fischsuppe mit rotem Curry und Gemüse 140

Gebratene Spareribs mit rotem Curry 138

Gebratenes Barschfilet mit rotem Curry und
Zitronenblättern 142

Hähnchen

– mit frischem Ingwer 130

– mit grünem Curry und Basilikum 130

– mit rotem Curry und Dill 132

Hähnchencurry mit Ananas 131

Reisnudeln mit rotem Curry
und Kokosmilch 140

Rinderhackfleisch mit Chilischoten
und grünen Bohnen 136

Rindfleisch

– mit Curry 132

– mit Erdnuß-Sauce 118

– mit gebratenem Reis 135

– mit gelbem Curry und Ananas 133

– mit grünem Pfeffer 136

– mit Reisnudeln und Sojabohnensprossen 135

– mit rotem Curry und Bambus 134

– mit rotem Curry und Zitronenblättern 133

Scampi

– mit Ananas und Basilikum 142

– mit Kokosmilch und Zitronenblättern 144

Scharf gewürzter Rotbarsch
mit rotem Curry 141

Spareribs mit rotem Curry und Bittergurke 138

SÜSSPEISEN

Eier in Ingwersirup 156

Eiercreme mit Toastbrot 156

Gebackene Bananen 152

Gefüllter Thai-Kürbis 148

Karamelisierte Kartoffeln 157

Klebreis mit Kokosmilch und Mango 153

Kürbis in Kokosmilch 148

Melone in Kokosmilch 150

Mungobohnen mit Kokossahne 159

Reismehlbällchen in Kokosmilch 158

Schwarze Bohnen in süßer Kokossauce 159

Süße Kartoffeln mit Ingwer 157

Süßer Klebreis

– mit Longane-Früchten 154

– mit Mais und Thai-Kürbis 154

Tapioka mit Mais 159

Thai-Pudding mit Kokoscreme 152

Wasserkastanien in Sirup 150